U0866311

历史新阅读丛书

秦朝果然很有料

第二卷

纪陶然◎著

中国工人出版社

目 录

第三章　辉煌与动荡 / 27

第四章　秦相孟尝君 / 45

第五章　昭王时代 / 62

第六章　西帝 / 80

第十四章　三国合纵 / 191

第十五章　窃符救赵 / 203

第一章 合纵

组团称王

眼见秦国国君称王不可逆转，其他各诸侯国国君也动了称王的念头，魏国的公孙衍索性组织大家一起称王，举行了一次“五国相王”活动。魏国、韩国、赵国、燕国、中山国五个国家的君主均称王，并相互承认。这样，一来可以让这些组团称王的诸侯国组成同盟，共同对付齐国、楚国、秦国等大国；二来也可以减弱秦国国君称王的政治影响力。

这五个国家中，魏国、韩国早已称王并相互承认，燕国、赵国、中山国从未称王，这回是第一次。至此，战国七雄皆已称王，甚至二流的中山国也都称了王，周天子的权威降到了极点，甚至可以说彻底消失，天下共主几乎可以说不复存在。

此时是春秋战国时期中国由统一走向分裂的终点，同时也是由分裂走向统一的起点。

五国组团称王后，秦国还没有提出意见，齐国就首先站出来表达自己的观点。

齐国本来是不愿意看到各诸侯国称王的，这样无疑降低了它的权威。虽然眼见燕、赵等大国称王，齐国不好发作，毕竟是和自己一个等级的万乘之国，但是称王的国家里居然夹杂着一个小小的中山国，这就是是可忍孰不可忍了。

中山国地域狭小，人口稀少，军事力量弱小，仅仅是一个千乘之国。这样的国家有什么资格和七雄并驾齐驱呢？齐国以此为借口，向各诸侯国提出质疑，希望废除中山国的王号。

以魏国为带头大哥的燕、赵、韩等国，出于保护同盟者的责任，力挺中山国，不同意废除中山国国君的王号。齐国见自己的意见得不到支持，也不能越过其他领土去攻打中山国，此事只得作罢，但是魏国却因此得罪了齐国。

同样不希望看到五国组团称王局面的还有楚国。但楚国表达不满的方式比齐国来得直接，楚怀王派令尹昭阳带着在楚国流亡的魏国公子高出兵攻打魏国，希望利用军事压力迫使魏惠王废掉现在的太子公子鸣，转立公子高为太子。

公子高心向楚国，他成为魏国国君一定会同楚国友好，甚至结盟。

这位令尹昭阳是楚国名将。这次攻伐魏国，也是连战连捷，一口气占了魏国八座城邑。但是魏惠王死活不肯立公子高为太子。昭阳见虽然取得了军事胜利，却没有达到政治目的，不知道就此回去交差楚怀王能否满意，他就想继续向东攻略齐国，多取得一些战果。

齐国没招谁没惹谁，闭门家中坐，祸从天上来。为了免除这场无妄之灾，齐国派出一位名叫陈轸的能说会道的谋士出使楚军大营，劝说昭阳罢兵。

陈轸见到昭阳，为他讲了一个寓言故事：楚国有一人将一壶好酒赏赐给门客。这壶酒一个人喝绰绰有余，几个人喝却又不够。门客们商量，谁先在地上画出一条蛇，就把酒给谁喝。有一位门客迅速画好了一条蛇，于是他左手拿起酒壶，准备饮酒。

他见大家还没有画完，便在蛇的腹部画了四只脚，并对大家说："我不但很快画完蛇，还可以为蛇添上足呢。"

这时，另外一个门客也画好了，他一把抢过酒壶，说道："蛇本没有足，你画它干什么呢？"

这就是成语画蛇添足的来历。陈轸讲完这个故事，对昭阳说："令尹大人，楚国大王封赏攻城略地的将军，最高也不过是加封为令尹，您现在已经是令尹，又攻取了魏国八座城邑，足够威震天下了，何必还要再画蛇添足呢。"

昭阳听后觉得有理，就下令撤兵了。昭阳回到楚国，楚怀王根据昭阳的战功，将传世之宝和氏璧赐给了他。

陈轸一番话便消除了齐国的兵灾，但是陈轸认为在齐国没有发展前途，就决定到秦国碰碰运气。

秦惠文王见到陈轸来投，心中非常高兴，他也知道陈轸劝退楚师的事情，认为陈轸对付楚人有一套办法，于是专门让他处理有关楚国的外交事务。

秦国的当权派张仪见陈轸受到秦惠文王的重用，心中颇为不满。他清楚陈轸的才华，害怕有朝一日被陈轸抢了位置，就利用一个机会在秦惠文王面前说陈轸的坏话：

"大王您给了陈轸那么多财物，让他往来于秦楚两国之间，办理外交事务。但是办来办去也没见楚国对秦国友好，反而我听说楚王对陈轸非常赞赏，足见陈轸并不是忠心于大王您的千秋大业，而是在为自己的前途做谋划。我听说陈轸要离开大王，跳槽到楚国去，大王您听说此事了吗？"

秦惠文王听后马上把陈轸找来，询问他是否准备离开秦国投奔楚国。

没想到陈轸毫不隐瞒，很爽快地承认了，并且说："不单单张仪知道我要投奔楚国，甚至连咸阳的路人都知道此事。大王您应该知道，从前的伍子胥忠于吴国国君，于是天下诸侯都希望伍子胥是自己国家的臣子。从前曾参孝顺父母，天下的父母都希望有曾参那样的儿子。我陈轸如果对秦国不忠诚，楚王怎么会希望我去做他的臣子呢？如果我这样忠诚还得不到您的信任，那我不去楚国又能去哪里呢？"

秦惠文王听后不住地点头，从此更加信任陈轸了。

但是，只要有张仪在秦国一天，陈轸就始终无法坐上秦国国相的位置。陈轸觉得自己怀才不遇，终究还是离开秦国到楚国去了。但楚国的国君也并没有重用他，而是派他做使节出使秦国。

陈轸与秦惠文王的这次会面，场面颇为尴尬。在经过了一阵沉默之后，秦惠文王问道："先生弃我而去，投奔了楚国，不知先生在遥远的南方有没有思念寡人呀？"

修鱼之战

秦惠文王的问话，陈轸确实不好回答。若说不思念，秦惠文王必然恼怒，至少是不满。若直接说思念，又显得有些虚情假意。陈轸只好又举了个例子：

"大王可知道楚国大臣庄舄这个人吗？他本是越国人，楚王想知道他背地里是否思念越国。有人便对楚王说，这个好办，人在生病期间，最容易流露心迹。正巧庄舄生了病，大王可以差人偷偷去听一听，庄舄在病床上说的是楚国方言还是越国方言，不就知道他是否还在思念越国了吗？楚王照办，偷听的人回来禀报说，庄舄说的确实是越国方言。"

陈轸接着对秦惠文王说："微臣虽然身处楚国，却一直都在用秦国的腔调说话。"

秦惠文王一听，心中因为陈轸离开秦国而产生的不快全都释然了。

当时魏国正同韩国交战，两国兵戎相见一年有余，打得不可开交。秦惠文王想要调解两国的争端，有的大臣表示同意，认为劝解韩、魏两国罢兵对秦国有利，有的大臣则表示反对，认为看他们厮打下去才对秦国有利。秦惠文王一时举棋不定。

刚巧陈轸出使秦国，秦惠文王便以此事询问陈轸：面对韩魏之间的战争，秦国应该何去何从？陈轸思索片刻，又对秦惠文王讲了一则寓言。这次他讲的是卞庄子刺虎的故事：

有一次，有两只猛虎下山来到田间，啃食一头耕牛。一个叫卞庄子的人路过这里，准备去捉这两只老虎。有个人拦住了卞庄子，对他说："你看那两只老虎正在吃牛，它们吃到最后一定会打起来。强壮的老虎就会咬死弱小的老虎，但强壮的老虎也会受伤，待到那时你再去抓那只受伤的老虎，岂不是可以博得一举擒杀两只老虎的美名？"

卞庄子觉得有理，就在旁边默默观察。果然吃到兴起时，两只老虎为争食撕咬了起来。一只弱小的老虎被咬死，强壮的老虎也受了伤。卞庄子走过去，轻松地抓住了受伤的老虎，博得了智擒双虎的美名。

陈轸讲到这里，秦惠文王已经明白了他的意思。此后秦国坐山观虎斗，看着韩、魏两国互掐，而不去调解了。韩、魏两国的实力果然都受到了削弱，秦惠文王这时才出兵，在修鱼击溃了它们，取得了修鱼大捷。

关于这场战役的来龙去脉，还要细细地谈一谈。

在做了七年秦国国相之后，张仪突然做出了一个决定，他要离开秦国去魏国做官了。不是秦惠文王不器重张仪，也不是张仪认为在秦国没有发展前途，而是张仪希望通过在魏国为官，劝说魏惠王改变仇视秦国的一贯政策。

一个国家的国相到敌国去做官，这种在今天看来似乎匪夷所思的事情，在战国年代却稀松平常。纵横家们游走于各个诸侯国，朝秦暮楚，今齐明魏，比职业联赛的球员转会还容易。

张仪本身就是魏国人，论起来还是魏惠王的远房亲戚。他到魏国后，魏惠王罢免了主张抗击秦国的国相惠施，转而任用张仪为魏国国相。

张仪劝说魏惠王同秦国结成联盟，并且向秦国称臣。出于国家安全考虑，魏惠王倒是愿意暂时与秦国联盟，但是对于向秦国称臣，魏惠王断然拒绝。

年迈的魏惠王已在位五十年了。五十年前，当魏惠王刚刚从父亲魏武侯手中接过魏国国君大玺的时候，秦国还是一个不堪一击的落后国家。那时的魏国不知比秦国强盛多少，如今让魏惠王向秦国称臣，无论如何也说不过去。

此时，公孙衍正积极奔走于各诸侯国之间，向各诸侯国兜售抗秦主张，再次形成合纵之势。齐、楚、燕、赵、韩五国一致同意同魏国联合，共同抵御秦国。魏惠王一下子来了底气，他逐走了张仪，任用公孙衍为国相，信誓旦旦地组成联军共同讨伐秦国。

不过，此时的魏国已经中衰，沦落为二等强国，虽然魏国同秦国矛盾最深，但是它已经无法领导诸侯国合作抗秦了，只能将合纵领导的位置让出来，给实力最强大的楚国国君楚怀王，于是楚怀王做了纵约长。

正当六大诸侯国紧锣密鼓地准备讨伐秦国的时候，西戎义渠国的国君来魏国朝见魏惠王。

公孙衍利用这个机会，对义渠王旁敲侧击："我们中原诸侯正准备联合起来讨伐秦国，秦国为了全力对付我们，一定会厚礼卑辞拉拢义渠，因为秦国害怕两线作战。若是我们同秦国相安无事，秦国就会腾出手来攻打义渠，掠夺义渠的土地和人口了。"

公孙衍的话说得很明白，希望义渠王不要受到秦国的拉拢，而是应该在秦国专注同合纵国战争的时候，在秦国背后补上一刀。

义渠王心领神会。有了六大诸侯国的联合，又有了西戎义渠王这个强大的外援，公孙衍认为万无一失。公元前 317 年，六国联军兴兵讨秦。

然而合纵国各怀鬼胎，心里都有自己的小算盘。说是六国联军，到最后真正出兵的只有韩、赵、魏三国，甚至出兵最多的国家不是魏国，而是韩国。实际上，六国联军不过是以韩国为主力的三晋联军。齐、楚、燕三国都是摇旗呐喊的角色。

秦惠文王派樗里疾出兵迎战，双方在修鱼（今河南原阳县西南）交火。三晋联军大败，秦军斩首八万多人。

在三晋联军起兵之时，秦惠文王果然派遣使节到西戎拉拢义渠王，献上绣品千匹，美女百人。

义渠王见和公孙衍说的一样，便表面上应承与秦国和平相处，收下美女之后，一转眼就发兵从背后攻击秦国。

秦国没有准备，吃了大亏。但是义渠王没想到，关东诸侯联军如此不堪一击，在修鱼一战即溃。秦军主力迅速从中原战场撤回。

秦惠文王对义渠王的行为十分恼火，马上以秦军主力讨伐义渠，连下义渠二十五城。义渠王偷鸡不成蚀把米，带着残兵败将向西北逃窜了。

东出还是南下

秦国在修鱼击溃了三晋联军，将义渠王赶到了边远的大西北，紧接着又在岸门击败了韩国，楚国居然一声未吭，一时间秦惠文王睥睨四方，放眼天下没有对手。

下一步将秦国的战车开向哪里？以秦惠文王的意思，应继续向东攻打韩国或者魏国，然而此时在秦国的西南边陲，发生了一件突发事件。

秦国西南有巴、蜀两国。巴国在今天的重庆一带，虽然地处边远，名字怪异，但巴国却是正宗的“诸夏”后裔，也就是姬姓诸侯国之一，属于西周初年周武王所封的子侄国家。

蜀国在今天的成都平原至汉中盆地一带，是兴起于岷江上游的土著国家。武王伐纣时，蜀国曾派兵协助周国灭商，是周朝的功勋国家。

巴国与蜀国因在同一个地域，难免经常发生摩擦。在长达几个世纪的时间里相互攻杀，互为世仇。公元前368年，蜀王杜尚将自己的弟弟杜葭萌分封到蜀国的北境，今四川广元昭化区一带，成立了一个小邦国：苴国。因为杜葭萌名字的关系，苴国又称葭萌国，后来人们将那里的关口称为葭萌关。

这个地方是蜀国的北大门，嘉陵江古渡口桔柏渡就在此处，是蜀道往来南北的要冲。杜尚本想让弟弟在此立国，永远为蜀国的藩属。不承想过了五十年左右，苴国国君与蜀国国君亲缘关系逐渐生疏，苴国逐渐不再听从蜀国的指挥，反而想依靠巴国的力量攻击蜀国，侵占蜀国的土地。

对此巴国自然是求之不得，一再在苴国国君面前煽风点火，希望借助苴国的力量牵制蜀国。蜀王忍无可忍，出兵攻伐苴国。蜀国、苴国、巴国三国分成两派战作一团。

为了确保战争优势，双方都遣使到秦国请求援助。这一局势的变动，引起了秦朝君臣的兴趣。如果趁巴蜀战乱挥兵南下，攻占巴蜀地区，也不失为一个重大的收获。

那么秦兵究竟是应该东出还是应该南下呢？秦国君臣展开了一番讨论。

此时张仪已从魏国回到秦国，重新成为秦国国相。他的主张是秦国应该东出伐韩：

“韩国地处天下之中，战略位置十分重要。我们应先与韩国北面的魏国和南面的楚国结成同盟，令魏、楚两国在南北遏制韩国，然后我们东出函谷关攻击韩国。韩国刚刚在修鱼战败，正是国力虚弱的时候，此时倾全国之兵攻韩，有可能一举灭韩。

“灭亡了韩国，就可以到达东周国与西周国。这两个小国不堪一击，很快就能将其吞并，夺取象征国家权力的九鼎，然后挟持周天子向全天下诸侯发号施令，到那时谁敢不听从秦国呢？这是统一天下的王业呀。

“而如今大王如果放弃中原，反而去攻打苴国那样偏远的国家，是得不偿失的。且不说劳师远征令百姓辛苦，蜀道艰难令士兵疲惫，就是攻占了巴蜀，那里边远落后，秦国又能得到什么好处呢？

“我听说想要追求名望的人，就要到朝廷去；想要追求利润的人，就要到市场去。大王想要追求统一天下的王业，不到中原去，反而到边远落后的蛮夷之地去，这不是南辕北辙吗？”

张仪一番话说得似乎很有道理，还没等秦惠文王发表意见，一位叫司马错的大臣抢先说出了他的看法：

“我听说国家想要富强就要开疆扩土；想要兵强马壮，首先要富民安民；想成就王业者，一定要广施恩德。做成了这三件事，自然能够统一天下。如今秦国的疆域还很狭小，百姓还并不富足，大王的恩德还没有泽被四方，三件事一件事也没有做成，若是此时就想着统一天下，是不是有些操之过急呢？

“巴蜀等国确实是偏远的蛮夷之地，此时又发生了祸乱。但正因如此，大王挥师远征，就如虎入羊群一般简单，巴蜀等国很快就能平定。巴蜀物产丰富，占领了那里，不但可以制止那里的祸乱，还可以扩大秦国的疆域，更可以将那里的物产为我所用。这样一来，秦国的领土扩大了，百姓富足了，大王的恩德也彰显了，成就统一天下的王业也就不远了，这岂不是一举三得的好事？

“而如果东出攻韩，韩国一定会殊死抵抗。秦国不一定有能力灭亡韩国。其他诸侯国趁着秦国与韩国两败俱伤的机会如果再联合起来攻打秦国，秦国还一定能够胜利吗？即使秦国攻占了韩国，周天子也不是那么容易挟持的。

“每个诸侯国都知道九鼎的分量，更知道周天子的分量，它们会轻易让秦国得到周天子和九鼎吗？到那时它们会以勤王的名义联合攻秦，而秦国不但不能成功，反而落下劫持天子的罪名，这是微臣所忧虑的。”

平灭巴蜀

张仪与司马错的两种战略构想各有各的道理。但总体来讲，司马错的建议更具可操作性。张仪是一位纵横家，他以纵横家的眼光看待战国局势，认为通过外交斡旋，可以孤立韩国，进而通过军事打击，灭亡韩国。而最有价值的是，他提出了“挟天子以令于天下”这一战略构想，与后世曹操的“挟天子以令诸侯”有异曲同工之妙。

曹操是把握住了一个偶然的时机，取得了挟天子以令诸侯的优势。但张仪是准备在各个诸侯的注目下，公然劫掠周天子，应该说他的构想具有一定的冒险性，实践起来确实有一定的困难。

司马错是一位法家人物，他并不太相信凭借外交和军事可以解决一切问题。他相信胜利的基础是经济优势，只有富国强兵，才能在今后的外交与军事上取得主动性。因此，他不看好张仪的政治欺骗和军事冒险行为，他更倾向于开疆扩土，发展生产，稳扎稳打，步步为营。

秦惠文王经过深思熟虑，认为司马错的建议成功率更高，决定暂不向东攻击韩国，而是由张仪、司马错率秦军主力伐蜀。秦军很快攻灭了蜀国，顺手灭亡了苴国和巴国，巴蜀之地从此并入了秦国版图。

巴蜀同秦国由蜀道相连。蜀道之难难于上青天，蜿蜒在高山深谷中的蜀道，忽高忽低狭窄闭塞，很多路段只能靠在绝壁上镶嵌出栈道来，方能通行。

来自辽阔大西北的秦军，习惯在宽广平坦的战场大规模集团式作战，在陌生的环境里，不适应的地形中，还能迅速高效地战胜土生土长、善于山地作战的蜀军，实在是不得不令人佩服。但是由于历史记载的简略，秦军究竟是如何在短时间内攻取蜀国的，已经不得而知了。

也正因为秦军这一传奇战绩，加之没有记载的历史空白，给后人提供了想象空间，衍生出一个传说来。

据说当时秦地与蜀地的道路不通，秦惠文王准备伐蜀，却不知如何行军。于是他命人雕刻了五头巨大的石牛，在石牛的屁股后面放了好多锭金子。秦惠文王故意带着蜀国的使者参观石牛，对使者说："这是可以屙出金子的神牛，是我们秦国的国宝，我想将它们送给蜀王，就请你们运回去吧。"

蜀国使者禀报了蜀王，蜀王信以为真。蜀国有五位大力士，能够徒山搬石，人称"五丁"。蜀王便派五丁带着千余名士卒到秦国去搬运五头石牛。五丁和士卒们一边开道，一边拖着石牛往蜀国走。等到石牛到达蜀国，秦国到蜀国的路也就修通了。秦惠文王便派秦军沿着这条道路进军，一举灭亡了蜀国。

这条路被称作金牛路，是古代四川通往陕西最重要的蜀道，今天依然存在。"五丁开道"的神话传说被汉代的杨雄记载在《蜀王本纪》中。当然这不会是真实历史，但它曲折地反映了先民开拓蜀道之难，也反映了秦人在统一天下的战争中神鬼莫测的谋略。

应该说秦国兼并巴蜀的战略意义，司马错已经分析得很清晰，但是还有很重要的一点，司马错也曾提及。司马错认为，得到巴蜀，便可以由水路通向楚国，以巴蜀的劲卒，乘坐大船向东攻打楚国，楚国土地非常容易就能得到。因此司马错说："得蜀则得楚，楚亡，则天下并矣。"这句话被记载在《华阳国志·蜀志》中，但这句话似乎并不是在与张仪的论战中提出的，所以《史记·张仪列传》中没有记载。

秦国占据巴蜀之后，就可以堂而皇之地站在楚国的上游。在此之前，秦国若想攻打楚国，只能自关中的东南方向出武关，攻击楚国的西北边境。这条进军路线早已被楚国所熟知，楚国一定会在这条路上陈有重兵，秦军要想突破并不容易，而且这条路线侧翼紧邻韩、魏两国，韩、魏可以牵制秦军行动。

占据巴蜀之后，形势便完全不同。一旦时机成熟，秦军可以沿长江东下，攻击楚国西部侧翼。后来秦楚战争中，秦国确实采用了这一策略，在以后我们将详细介绍。

“王濬楼船下益州，金陵王气黯然收。”古代的北方政权若想统一南方的割据政权，必然要首先占有巴蜀，西晋统一东吴，隋朝统一南陈，唐朝平灭萧珗，莫不如此。秦国在这一战略大迂回中，开了天下之先。

第二章 连横

失信的纵约长

秦国得到巴蜀之地后，在其地设立了蜀郡，派张若为蜀郡太守，搞西南大开发。张若自公元前 316 年入蜀任太守，直到公元前 277 年才调离，在蜀地四十年，是四川地区的早期开发者。成都平原成为天府之国，张若功不可没。

秦国达到南下的目的后，继而再次转向东进，攻打距离自己最近的魏、韩两国。公元前 314 年，秦国大将樗里疾率军攻占了魏国的曲沃和焦。这两个地方是秦国东出函谷关的大门，秦国早先就曾攻取过，但为了让魏国将上郡割让给自己，秦国又退还了这两个地方，今日再次攻占，秦国可不会那么容易让出了。

此时魏惠王已经去世，新任魏王是魏襄王。在秦国强大的军事攻势下，魏襄王被迫同秦惠文王在临晋相会。秦惠文王要求魏襄王立对秦国亲善的公子政为太子，魏襄王只得同意，以换取同秦国结盟。堂堂的魏国太子居然要由秦王来指定，魏国彻底沦落为二流国家了。

征服魏国之后，秦国将矛头指向了韩国。在修鱼之战中，因为韩军是主力，所以韩军损失最大。韩国这种担当合纵军主力的行为，也惹恼了秦惠文王，秦国准备再次发兵攻打韩国。

见到形势十分不妙，韩国国相公仲侈对韩宣惠王说："楚国身为纵约长，居然不发一兵一卒，这样的盟国不可信赖。秦国早就想攻打楚国了，我们不如割让一座名城给秦国，然后联合秦国攻打楚国。这样秦国既不会来攻打我们，我们的损失还可以由攻打楚国来弥补。"

韩宣惠王早已没了主意，见有这样一举两得的妙计，马上点头应允。

公仲侈出使秦国运作此事。这一情报传到楚国，楚怀王听后大恐，本以为自己不出兵就不会得罪秦国，没想到韩国居然将祸水引向自己。他马上召陈轸来商议此事。

陈轸说："秦韩联合伐楚，是秦国梦寐以求之事，如今楚国已十分危险，但是韩国并非真心同秦国联合，只是因为秦国发兵攻韩，又没有诸侯国救援韩国，韩国迫不得已而为之。当今之计，大王可以马上发动军队，做出兴师救韩的样子，再派使者去韩国，告诉韩王楚国援救韩国的决心。只要韩王相信我们会去援救他，他一定会同秦国断交，到那时秦王必定大怒，一定会去攻打韩国，我们楚国不就安全了吗？"

楚怀王按计而行。韩宣惠王果然上当，他相信楚国会来援救韩国，于是收回成命，不再割让土地给秦国，也不再同秦国联合。

公仲侈急得直跺脚，在韩宣惠王面前表示坚决反对："现在秦国是真的发兵来攻打韩国，而楚国只是口头上承诺声援韩国。大王怎能为了口头上的盟友而得罪实际中的敌人？一旦同秦国撕毁盟约，秦人必然会认为受了欺骗而感到羞辱，他们会不顾一切地来攻打韩国。

“而那时，如果楚国失言，不发兵来帮助韩国，那该如何是好？不久前，六国伐秦，楚国身为纵约长居然都不发一兵一卒，难道大王还指望这一次楚国会为了韩国而与秦国为敌吗？”

道理其实再清楚不过，但是韩宣惠王却鬼迷心窍，没有听从公仲侈的劝告。

秦惠文王本来已打算同韩国携手攻伐楚国，闻听韩国出尔反尔，大怒，派樗里疾继续攻打韩国。

韩宣惠王本来指望着楚国能来拯救自己，结果楚国果然像公仲侈说的那样，一兵未发。韩宣惠王肠子都悔青了，只能独自面对秦国大军。双方在岸门（今河南许昌河街一带）展开大战，韩军一败涂地，又被斩首万余人。韩宣惠王只得让太子仓到秦国去做人质，秦国方才撤军。

公仲侈建议韩国联合秦国共同对付楚国，这是连横的表现。而楚国想要联合韩国共同对付秦国，这一做法实际上就是合纵。韩宣惠王在连横与合纵之间摇摆不定，最终倾向于合纵。

秦国因韩国背弃连横转向合纵而怒伐韩国。此时正是体现合纵国团结的时候，然而身为纵约长的楚国，在韩国受到秦国攻击时，居然不发一兵一卒，致使韩国大败，不得不入质秦国求和。韩国的做法失信于秦。楚国的做法失信于韩。

最终，韩国在与秦国的战争中一败涂地。而楚国看似避免了兵灾，信誉却一败涂地，一个在“实”上受到损失，一个在“名”上受到损失。只有秦国名利双收，不但击败了韩国，还震慑了其他诸侯，令其他诸侯在短时间内不敢再谈合纵。

就这样，秦国在短时间内控制了魏国与韩国，迫使两国同秦国结盟，秦国在减少两个敌人的同时，还多了两个打手。

此时燕、赵两国国力既不强盛，地理位置又不重要，在战国诸雄中处于边缘化位置，秦国并没有将它们放在眼里，而是将目光投向了同自己实力相近的强国：楚国和齐国。

骗子与傻子

齐、楚两国此时是同盟关系，秦国还没有实力与齐、楚两国同时作战。要想获胜，必须拆散齐楚联盟，将它们各个击破。

齐、楚两国中，齐国远在东海，楚国同秦国接壤，又是合纵国的纵约长，秦国一定是先攻伐楚国。

在岸门之战中，楚国未发一兵一卒，这使得秦国也看到了楚国的软弱，认为楚国可欺。

另外，楚国此时占据着汉中之地。汉中在秦国本土与秦国刚刚占有的巴蜀之间，汉中在楚国手里，秦国就很难将本土与巴蜀连成一片，因此秦国君臣想方设法都要占领汉中。

而秦相张仪同楚国也有一些私人矛盾。当年张仪在楚国曾受到楚国国相的侮辱。张仪任秦相后，曾派人捎话给楚相："当年你诬陷我偷了你的玉璧，小小的玉璧我怎能看在眼里，如今你要小心，我要偷你的城池了。"张仪对楚国一直心存芥蒂，伺机报仇。

公元前313年，秦惠文王派张仪为特使，出使楚国。楚怀王对张仪非常重视，将最上等的馆驿腾出来给张仪居住，并亲自到馆驿面见张仪。

楚怀王问道："楚国是个偏僻简陋的小国，先生大驾光临，有什么可以教授寡人的呢？"

张仪神秘兮兮地答道："我这次来贵国，是希望贵国能与齐国断交，与秦国友好。若能如此，我愿意将商於之地六百里划归给楚国。外臣还希望秦、楚之间能够互派女子，大王纳秦国宗室女子为妇，秦王娶楚国宗室女子为妻，双方结为亲家，世世代代为兄弟之国。如此一来，齐国就会被孤立和削弱，楚国和秦国就会富强。我觉得没有比这更好的主意了。”

张仪口中那商於六百里土地，就是当年商鞅的封地。商鞅被害后，秦惠文王又将其收归国有。这块土地在秦国武关之外，是秦国与楚国之间的战略缓冲，同时也是战略要地。这块土地早年间本为楚国领土，后来被秦国侵占，楚怀王做梦都想重新占有。今天张仪主动提出将这块土地割让给楚国，楚怀王听后大悦，当即表示赞同。

楚国群臣得知此事，也纷纷在楚怀王面前表示祝贺。唯有陈轸却来楚王面前表示忧虑。楚怀王非常不满：“我不发一兵一卒就能得到六百里的土地，你为什么要在我面前哭丧着脸呢？”

陈轸说道：“依我看，大王不但得不到商於六百里的土地，秦国与齐国还要组成联盟，楚国的祸事不远了。”

楚怀王眨着眼睛，没有理解陈轸的话。陈轸接着说：“秦国为什么派张仪来讨好楚国，平白无故地割让给楚国六百里的土地？就是因为楚国与齐国结盟，秦国感到畏惧。如今秦国已经同魏国、韩国结盟，如果楚国再与齐国反目成仇，楚国就被孤立了。那时，秦国凭什么会信守诺言，给一个被孤立的国家六百里土地呢？

“如果大王真的同齐国解除了盟约，齐国必定会发兵攻打我们。张仪回到秦国后，秦国也会发兵攻打我们。楚国将两面受敌。我有一个万全之策，大王可以表面上同齐国断交，但是暗中仍然同齐国联系，然后派一位将军跟随张仪去秦国接收土地，如果秦国果真割让给楚国六百里土地，我们就真的同齐国断交，如果秦国耍赖，到时我们也有回旋的余地。”

“不要再多说了。”楚怀王打断了陈轸的话，摇摇头说，“还是请陈先生从今以后闭嘴吧。”

楚怀王贪恋即将到手的土地，根本听不进陈轸的劝阻。

楚怀王将楚国的相印交给张仪，任用他为楚国国相，还赏赐了张仪许多财物。随后一边派人同齐国断绝邦交，一边派人跟随张仪回秦国交割土地。

张仪回到咸阳后，假装不小心从车上坠下，在家中养伤，一连三个月没有上朝。

张仪不上朝，就不能交割土地。楚怀王每天都很着急，他认为自己同齐国断交还不够决绝，张仪这是在间接表示不满。于是楚怀王派出一名勇士到了齐国，在朝堂公然面对面辱骂齐宣王。

这下子楚国彻底得罪了齐国，齐国转而同秦国订立了邦交。此时，张仪才不慌不忙地来上朝。楚国的使者来找张仪交割土地。张仪说："我这里有秦王赐给我自己的土地六里，我愿意奉送给楚王。"

使者听后大惊："张先生说的哪里话，明明是商於之地六百里呀，怎么变成了六里？"

张仪也表示惊讶："那六百里是秦国的土地，我怎么敢私自做主，我当初承诺楚王的，是我自己的六里土地。"

楚国使者此时已经知道上了当，马上回国飞报楚怀王。楚怀王听后大怒，准备集合人马攻打秦国。

这时陈轸又出来劝阻："大王，陈轸可以再次张口说话了吗？"

楚怀王没有理他。陈轸接着说："秦国已同齐国结盟，此时攻击秦国没那么容易了。楚国不如捐弃前嫌，割让给秦国一些土地，约着秦国一起去攻打齐国。那么楚国的损失，还可以在齐国得到弥补。"

平心而论，陈轸的计策也并非妙不可言，但这已经是将楚国损失减少到最低的办法了。可就是这样的办法，楚怀王也不肯接受。

此时的楚怀王已经气急败坏，没有得到秦国六百里的土地已经使他恼羞成怒，他哪里能接受割让给秦国土地的计策？他现在最想做的，就是要发动全国之兵攻打秦国，夺取商於之地，方能一解心头之恨。

张仪使楚

公元前312年，楚怀王以大将屈匄为统帅，发兵攻秦。楚国就是为争夺商於之地而来，因此兵锋直指商於之地。双方在丹阳（今河南丹水之北）相遇。

秦国知道楚国不会善罢甘休，一定会倾兵前来报复，因而早有准备。秦惠文王派樗里疾与魏章率军迎击楚军。而楚军则是激愤而来，虽然雪耻的心气很高，却不能够冷静下来稳扎稳打。最终楚军被秦军大败，阵亡将士八万余人，统帅屈匄以下七十余名将领被俘，秦军顺势进占汉中。

楚怀王本想雪耻，结果招来更大的耻辱。此时他又想到了那个被他骂恼了的盟友齐国。他已经后悔于没有听从陈轸的建议，赶快派出使者去齐国向齐宣王赔礼道歉，希望重新修复两国关系。这个使者在历史上没有留下名字，但很有可能就是中国第一位大诗人屈原。屈原在楚怀王时期曾多次出使齐国，办理外交事宜。

齐国本是能够同秦国分庭抗礼的大国，不愿同秦国结盟，仅是因恼怒楚国的背信弃义而负气与秦国结盟。此次见楚军在丹阳吃了大亏，楚国又言辞恳切请求恢复盟约，齐国索性也就再次同楚国联合。

齐国拽着自己的小弟宋国一同出兵攻打秦国的盟国魏国，而楚国则派出一支由柱国景翠率领的军队前去攻打秦国的另一个盟国韩国。于是以秦国、魏国、韩国为一方，楚国、齐国、宋国为一方，六国诸侯开始了一场混战。

其中秦国、楚国、齐国是超级大国，魏国、韩国是强国，宋国是弱国，秦国阵营是一超两强，楚国阵营是两超一弱，双方对抗起来势均力敌。

在混战中，秦军向东最远到达濮水一带，同齐军作战，并击败了齐军。楚怀王准备趁秦军在外远征之际，倾全国之兵，集中优势兵力，一举直捣秦国腹地。楚军一度到达蓝田，再向前不远即将到达咸阳。此时，魏军与韩军又趁楚军远征关中之际攻击楚国本土，迫使楚军迅速撤军，上演了一出攻楚救秦的大戏。

秦惠文王见齐楚联盟实难对付，于公元前 311 年与楚国讲和，准备将秦国武关之外的土地让给楚国，以此交换楚国的黔中地区。黔中地区包括今天湖南西部及贵州大部，这个地区在当时人烟稀少，不能和武关以外的膏腴之地相比。

此时楚怀王并没有从国家利益层面进行考虑，而是仍然一味沉浸在个人情感之中。他将楚国的屈辱归罪于张仪个人对自己的欺骗。他对秦国使者说："我不愿意交换土地，只要张仪能够来到楚国，我愿意将黔中的土地奉送给秦国。"

秦惠文王闻讯，有些左右为难。若不派遣张仪出使楚国，恐怕无法同楚国讲和，更无法得到黔中之地；若是派遣张仪出使楚国，楚怀王恨张仪恨得牙根痒痒，恐怕张仪九死一生。

而张仪却主动要求出使楚国。秦惠文王对张仪说出了自己的担忧，张仪听后表现得举重若轻，丝毫没将楚国放在眼里。

"我是秦国的使者，楚怀王不敢把我怎么样。即使楚怀王有杀我之心，我与楚国大夫靳尚关系很好，靳尚又能够同楚怀王的夫人郑袖说上话。楚怀王对妇人郑袖言听计从，靳尚一定会利用郑袖的关系，想方设法保护我。再者，即使臣不幸殉难，能以臣一人之躯，为大秦换取黔中的土地，也是微臣最高的愿望。"

张仪毅然出使楚国，果然像秦惠文王所担忧的那样，张仪一来到楚国便被楚怀王拘捕，准备杀掉泄愤。而也正像张仪所预料的那样，楚国大夫靳尚果然找到楚怀王的夫人郑袖，对郑袖说："夫人马上就要失宠，您知道吗？"

郑袖当然对此十分重视，连忙询问原因。

靳尚解释说:“秦王器重张仪，绝对不忍心眼睁睁地看着张仪被楚王杀害。我听说秦王准备用上庸六个县的土地来交换张仪，同时还要将秦国最美丽的女人送给楚王。我们大王热爱土地，更热爱美女，一定会同意这样的交换，待秦国美女一到，夫人的位置就危险了。不如夫人现在就去为张仪讲情，让大王释放张仪。”

此后郑袖日夜都在楚王面前为张仪讲情:

“两国相争各为其主，张仪当年的做法确实可恨，但也表明他是一位忠臣。如今，我们没有将黔中的土地交给秦国，秦国首先将张仪派遣到楚国，充分证明秦王对大王非常尊敬，也非常信任。

“若在此情形下，大王非但不将黔中的土地割让给秦国，反而杀害张仪，秦王一定会出兵为张仪报仇。那样楚国将永无宁日，大王还是先将我们母子送到江南去吧。我可不想留在这里等待秦军的欺辱和屠杀。”

楚怀王听后，也有些后悔自己的冒失，下令释放张仪。

张仪出狱之后，还没有离开楚国，就得到了一个人的死讯。

外交斡旋

谁的死讯呢?

《史记·张仪列传》中讲:“张仪既出，未去，闻苏秦死。”实际上苏秦比张仪晚死二十多年，张仪是不可能听到苏秦的死讯的。那张仪听到了谁的死讯呢?根据时间判断，大概是听到了老对手公孙衍的死讯。

公孙衍早在修鱼之战后，就因组织合纵失败，加之政敌田需的中伤，失去了魏王的信任，被罢免了官职。公孙衍一度离开魏国，到韩国去做国相。

在韩国，公孙衍继续主张合纵抗秦，但是因为韩国在面对秦国时接连的失败，甚至连太子都成了秦国的人质，早已经不敢再与秦国为敌。公孙衍看到在韩国没有前途，他只得再次返回魏国。

此时魏国已经向秦国屈服，不敢再任用公孙衍合纵，公孙衍只得继续等待时机。

当时魏国有个叫张寿的大臣，与公孙衍素有积怨。公孙衍的政敌田需暗中派人刺杀了张寿，并嫁祸于公孙衍。魏襄王信以为真，就将公孙衍杀害了。

公孙衍之死，可以说是合纵势力很大的损失。张仪听到这个消息后，决定趁着自己还没有离开楚国，去说服楚怀王同秦国连横。

张仪对楚怀王说："秦国现在已占有天下一半的土地，又有山河之险四塞之固，虎贲之士百余万，战车万乘，战马万匹，军粮堆积如山。秦王英明，将官智勇，军卒愿为国家效死命，这样的军队如同猛虎，其他国家的军队好似羔羊。我不明白大王为什么与羔羊结盟而不与猛虎结盟，那些后归顺秦国的国家必先被秦国灭亡。我认为大王的选择是失策呀。

"天下的强国，除了秦国就是楚国，如今两国交锋势不两立，可是韩、魏已经臣服于秦国。秦国与楚国两虎相搏，但是韩、魏两国窥探、威胁楚国的后方，秦国攻击楚国之西，韩、魏两国攻击楚国之北，如此一来，楚国的社稷难道没有危险吗？

"更何况秦国现在已据有巴蜀。巴蜀虽距楚国有三千里之遥，但是秦国正在制造大船，一条船能承载士兵五十人加上三个月的军粮。大船顺水而下，不费牛马之力，一日能行三百余里，用不了十日就能攻入楚国境内。到那时，黔中郡、巫郡必然会失陷。秦国再以主力出武关南下，就会对楚国形成钳形攻击之势。这样的攻势楚国恐怕抵抗不了三个月，而诸侯即使前来搭救楚国，也至少要半年以上，这是楚国的危险所在。"

张仪一番话，说得楚怀王心惊胆战，急忙来询问张仪如何破解眼前的危险。张仪说道："外臣为大王考虑，秦、楚两国接壤，在地形上就是亲近之国，我愿回秦国说服秦王，让秦王派遣秦国太子到楚国为人质，大王也派遣太子到秦国为人质。秦国再嫁女给大王为妾，秦、楚两国永为兄弟之国，这样才是万全之策。”

楚怀王本想用黔中之地换取张仪的性命。如今张仪已经来到楚国，楚怀王却不敢伤害张仪，又害怕秦国向其索要黔中之地，今日见张仪希望促成秦楚和好，假如秦楚真的和好，秦国也就不会再索要黔中之地了。楚怀王索性就坡下驴，采纳了张仪的建议，答应同秦国和好。

此时三闾大夫屈原刚巧出使齐国回来，听说楚怀王释放了张仪，还要同秦国结亲和好，非常不解：“上次大王被张仪欺骗，如今张仪又来到楚国，我以为大王已经将张仪放到大鼎里活活煮死了，怎么非但没有杀他，还要听他那一套歪理邪说？”

“寡人之所以同秦国结亲讲和，是因为要保住黔中之地。如今既然已答应了张仪，就不可再反悔了。”

最终楚怀王没有听从屈原的劝告。

张仪离开楚国后，没有直接回到秦国，而是去了韩国，继续进行外交斡旋，希望巩固韩国与秦国的连横。

张仪对韩王说：“韩国土地不过九百里，没有隔年之粮，士卒不过三十万，这还包括老弱病残。而秦国带甲百万，所以韩国事秦则安，不事秦则危。秦国希望削弱楚国，而削弱楚国的诸侯只有韩国，并非因为韩国比楚国强大，而是因为韩国地理位置重要，所以韩国对于秦国来讲是有利用价值的。韩国找准自己的优势，和秦国结成同盟，这样才能获得持久的安全。”

韩王采纳了张仪的建议，张仪这才回到秦国。因为张仪的外交功勋，秦惠文王将五个城邑分封给张仪做封地，并赐其号为武信君。

张仪并没有躺在自己的封地享受生活，而是再次出使，这次他一口气去了齐国、赵国、燕国，到处兜售他那一套“事秦则安，不事秦则危”的理论。各国慑于秦国的威慑，都在表面上奉和张仪，并纷纷表示臣服于秦国。张仪领衔下的连横外交获得了巨大胜利。

一时间，天下没有再敢敌对秦国的诸侯了。

武王的愿望

张仪回到咸阳不久，秦惠文王去世，其子秦武王继位。秦武王对张仪的外交斡旋向来不感兴趣，他更崇尚于用武力解决一切问题。

而秦国朝堂上的那些大臣不及张仪的才能，对张仪在天下诸侯面前大出风头怀恨在心。他们开始在秦武王面前中伤张仪。

张仪感觉自己服务了十多年的秦国，已经没有自己的容身之地了。当今之计只有走为上策，离开秦国才能得到安全。不过，秦武王是不会让张仪离开秦国的，张仪只得在秦武王面前略施小计。

他对秦武王说:“我听说齐王非常痛恨微臣，微臣在哪里，齐王就会出兵征讨哪里。我愿意为了大王舍去自己的七尺之躯到魏国去，引诱齐国来攻打魏国。”

张仪如此一说，秦武王便扬手放行。临走之时，张仪对秦王说:“东方诸侯只有发生大战，大王才能趁势出兵搅局，让东方诸侯多割让土地给秦国。微臣到魏国之后，齐国必然攻打魏国。

“等齐国同魏国在大梁城下混战的时候，大王就兵出函谷关，径直攻打韩国，可以一口气击穿韩国的领土，达到周王室的京畿附近，逼迫周王室献出宝鼎，自此之后，大王就可以挟持天子。这是统一天下的王业所在。”

秦武王早就觊觎周王室的宝鼎，一方面他想完成称霸诸侯的野心，另一方面秦武王力大无比，是个举重爱好者，他的梦想就是举一举国家重器九鼎。所以秦武王听了张仪的计划后非常高兴，准备了三十辆车，浩浩荡荡、风风光光地送张仪去魏国。

张仪来到魏国，魏王不敢怠慢，马上加封张仪做了魏国国相。

齐国人听说张仪已经在秦朝失势，混不下去了，跑到魏国做了国相。张仪做秦国国相时，齐国不敢把他怎么样，但魏国是二流国家，齐王顿时新仇旧恨涌上心头。想想这么多年来自己受了张仪多少气，吃了张仪多少亏，如今张仪没有了秦国的保护，这不是报仇的时候吗？齐王马上发兵攻打魏国，双方在大梁城下鏖战。

张仪派出了一个叫冯喜的门客出使楚国，希望楚国派出一位使臣到齐国为张仪求情。楚国自然不愿意齐国把魏国打败，这样会增加齐国在中原的影响力，于是很爽快地答应派使臣出使齐国，为张仪求情。

楚国使臣对齐王说："张仪来到魏国，大王就兴师动众去攻打魏国，这是大王重视张仪的表现，秦国看到张仪有如此的影响力，一定会派人接张仪回国。大王这是在为张仪寻找出路啊。

"另外，大王同魏国交恶厮杀，秦国就会趁机攻打韩国。齐国与魏国都不能救援韩国，那么秦国一定会击败韩国，没有了韩国这层屏障，秦军就会到达洛阳，那样天下就危险了。"

齐王听后恍然大悟，马上和魏国修好，撤兵回国了。

张仪有惊无险，又逃过一劫。但是，张仪的健康状况却每况愈下，大约在做了一年魏国国相之后，这位纵横战国二十年，以三寸不烂之舌玩弄天下诸侯于股掌之间的战略家、外交家、谈判家、骗术大师在魏国去世了。

在当初张仪离开秦国之后，秦武王认为一国之相的职权太大，如果让一人担当，很有可能威胁国君的权威。他索性将这一职位一分为二，分为左丞相与右丞相，这样两个丞相既可以相互配合，又可以相互制约，同时还可以使君权对每一个丞相永远处于绝对优势。秦武王任命甘茂为左丞相，樗里疾为右丞相。

甘茂这个人大家还不太熟悉。他本是楚国下蔡（今安徽颍上）人，年少时学百家之说，对各派的学问都有涉猎。后经过张仪与樗里疾的举荐，受到秦惠文王的器重。他曾经参与攻取楚国汉中的战役，后来蜀侯公子辉在蜀地谋反，甘茂曾经参与平定叛乱。返回关中后，正值秦惠文王去世，张仪离开秦国，秦武王便任命平叛有功的甘茂为左丞相。

秦武王对张仪曾经为其规划的击穿韩国国土控制周王室的计划念念不忘。他很委婉地对甘茂说："我一直想乘坐着我的车子通过韩国领土去看一看周朝的都城，如果是那样，我即使死去也无憾了，希望甘茂先生能帮我达成这个愿望。"

秦武王这个愿望说起来轻巧，但实现起来并不容易。

第三章 辉煌与动荡

击穿韩国

秦军若想击穿韩国领土，抵达洛阳，就必须经过韩国的宜阳县。宜阳虽然仅仅是一个县，但这个地方在崤山与渑池的东部，是韩国同秦国接壤的部位，也是韩国堵塞秦军东出函谷关的战略要地。韩国在此设有重兵。

当时韩军全国总兵力大概三十万人，除去一些老弱病残和后勤部队，大概还有二十万人，这二十万人中，有十万人驻守在宜阳，另外十万人分守韩国各地。

也就是说，韩国几乎所有的机动部队都屯守在这里。宜阳城高墙厚，囤积的粮草军械等物资可支撑数年之久。宜阳可以说是韩国国运的支撑点，如果秦军攻打宜阳，韩国必然以死相搏，其他国家也会来援救。

甘茂心里清楚，秦国若想攻克宜阳，绝不是一日之功，而自己在秦国资历尚浅，却像坐火箭一样升任百官之首的左丞相，朝中有很多大臣记恨自己。尤其是那个曾经举荐自己的樗里疾，多年来为秦国立有大功，反而仅仅是个右丞相，位置在自己之后，他已经开始对自己不满。

若是自己率领秦军在宜阳作战数月，损兵折将却不能攻占，必然遭到朝中其他大臣的非议。一旦秦武王不能信任自己，自己在秦国的处境就危险了，甘茂不得不考虑到这些。

甘茂知道秦武王攻打宜阳的迫切愿望，也知道如果自己带兵攻下宜阳，将能稳固自己在朝中的地位。但是，甘茂却故意对秦王说："我希望大王还是不要派我去攻打韩国的宜阳了。"秦王忙问何故。

甘茂回答说："宜阳易守难攻，我们离开函谷关险要之地，千里迢迢深入韩国腹地，奔袭宜阳，并没有速胜的把握，一定要做好打持久战的准备。但是一旦战争打起来，难免有其他大臣在大王面前说三道四，认为是我无能，不能迅速攻占宜阳。

"当年孔子的弟子曾参留居在外地。曾参家乡有一个和曾参同名的人杀了人。有人到曾参的家中告诉曾参的母亲，说是曾参杀了人。曾参的母亲当时正在织布，她并不相信自己的儿子会杀人。结果接二连三地有人到曾参的母亲面前说曾参杀了人。最后，曾参的母亲也相信了这一说法，慌忙逃跑了。

"曾参是如此贤德，曾参的母亲非常信任自己的儿子，但也抵不住接二连三的谣言攻击。而如今我就是一个寄居秦国的人，本身没有曾参贤德，大王信任我也不会到曾参的母亲信任儿子那样的程度，这是我所担心的啊。"

秦武王明白了甘茂的意思，甘茂害怕自己在宜阳久攻不下，朝内有人借机中伤他。

秦武王当即表示："请甘先生尽管放心带兵出征，我愿与甘先生盟誓，绝不生疑心。"

甘茂这才兵发宜阳。宜阳果然难攻，秦军猛攻五个月，宜阳仍然岿然不动。在这五个月中，樗里疾果然数次在秦王面前中伤甘茂，说甘茂带兵必然无功而返。秦王也果然动了心，下诏召甘茂率兵回国。

甘茂派人回复道："请大王不要忘记当初的誓言。"

经此提醒，秦武王再次下定了决心。他又为甘茂加配了军队，全力支持宜阳之战。

尽管如此，甘茂在前方仍然非常着急。他准备利用宜阳之战的胜利稳固自己在朝中左丞相的位置，但面对眼前坚固的城防，秦军几乎寸步不能向前，而且每日都有大量的伤亡。若是最终真的攻不下宜阳，如何回国向秦王交代？即使秦武王不怪罪他出师不利，他也无法再做左丞相了。

想到这里，他决定孤注一掷，倾其所有猛攻宜阳。在战前，他召开动员大会，对将士们说："如果此战攻不下宜阳，我就死在阵前。"甘茂还拿出自己的私人财物分发给将士，以此激励士气。

经过一番血战，秦军在付出巨大伤亡之后，终于攻占了宜阳，歼灭韩军六万余人。秦军乘胜进军，又攻陷了武遂（今山西垣曲东南）。

此年是公元前 307 年，宜阳大捷是秦军在东进路线上取得的巨大胜利。在此战之前，崤山至函谷关一段的天险为秦国和韩国共有。秦国占据西部，韩国占据东部。韩国牢牢锁住宜阳，阻止着秦国自函谷关东出。

此战不仅彻底击溃了韩国的这道防线，使崤山至函谷关天险全部被秦国掌握，而且几乎全部歼灭了韩国的机动力量，使韩国在短时间内无法组织反扑。

消息传回咸阳，秦武王欣喜若狂，他先派樗里疾率领战车百辆，去洛阳朝见周天子。自己随后马上起驾，准备到前线犒军，并随军一起进入周王室的京畿，一窥九鼎的风采，顺便挟持天子，达到挟天子以令天下的目的。

举鼎绝膑

然而此时，又出现了问题。楚国来找秦国的麻烦了。

在秦国围困宜阳之时，楚怀王派出以景翠为首的援军，准备支援韩国，但是还没等赶到宜阳前线，在路过东周国的时候，东周国的臣子赵累为景翠献上一计。

赵累认为，根据秦军的架势，秦军是铁了心、拼了命要攻下宜阳。那么宜阳陷落就是迟早的事，即使楚军前去增援，恐怕也是无济于事。不如楚军在东周国按兵不动，待到秦军攻陷宜阳时，秦军也必然成为强弩之末。那时，楚军再反攻宜阳，秦军必然无法招架。

景翠觉得赵累说得很有道理。这样一来，既能削弱韩军的有生力量，又能击败秦军，还能攻占宜阳。于是景翠真的没有再进兵。也正因如此，秦军才攻占了宜阳。

而赵累也并非真心为楚军考虑。东周国君臣都清楚，秦军攻打宜阳的目的，是要通过拿下宜阳后来攻打洛阳。他们必须想办法留住楚军，让楚军在洛阳附近保护东周国的安全。

秦军攻占宜阳后，果然像赵累说的那样，已经显出疲态。景翠依计而行，率楚军准备攻打宜阳。师老兵疲的秦军自知难以招架养精蓄锐多日的楚军，只好坐下来同楚军谈判。谈判结果是秦国将秦军在早些时候占领的煮枣（今山东东明县南）赠送给楚国，以此换取楚国不要干涉秦军占领宜阳。

得到了土地之后，景翠没有再进攻秦军，但是仍然驻扎在东周国，监视秦军的一举一动。

就这样，秦武王率领着这支疲惫的秦军勉强来到周朝都城洛阳。因为楚军一直在旁边虎视眈眈，秦武王到了洛阳也没敢造次，挟持天子的事自然提都不能提了，但是秦武王仍然希望见一见他朝思暮想的九鼎。

九鼎传说铸于大禹之时。大禹将天下划分为九州，用九州进献来的青铜铸造了九鼎代表九州。九鼎一直被夏、商、周三朝立于太庙之中，象征着天下一统和至高无上的君权。当然，这只是一个传说。夏朝初年人们并不具备制造巨鼎的能力，周代所谓的九鼎不是夏代的九鼎，甚至不是商代的九鼎，而仅仅是周代自己铸造的九鼎。

《封禅书》中曾说:“宋之社亡，鼎乃沦没，伏而不见。”也就是说齐国灭亡宋国的时候，宋国的九鼎沉没到泗水中了。宋国是商王室的后裔，商代的九鼎一直在宋国保存。那么周代洛阳的九鼎自然是周王朝自己铸造的了。

秦武王来到洛阳，要到周王室的太庙中去参观九鼎。与秦武王同去的还有他带来的几个大力士。其中最有名的是孟贲。有的文献说孟贲是秦国人，有的说是齐国人，也有的说是卫国人。据说此人下水不避蛟龙，行路不避猛虎，有生拔牛角之力。秦武王天生神力，也最喜好角力，经常和孟贲厮混在一起比力斗勇。

秦武王率领孟贲等人来到太庙，见到了象征最高国家权力的九鼎。秦武王异常兴奋，虽然以秦国如今的国力，他还没有能力在天下诸侯的注目之下将九鼎迁往咸阳，但是他想以自己的神力举起宝鼎，向天下诸侯展示自己的决心和勇气。孟贲知道秦王的心思，也在一旁不住地怂恿。

秦武王的兴致更浓了。他开始尝试举起其中的一口宝鼎。秦武王认为以自己的神力举起宝鼎不成问题，但他低估了宝鼎的重量，用了很大力气才将宝鼎撼动。

作为堂堂秦国的君主，秦武王不肯在宝鼎面前认输服软，成为天下诸侯的笑柄，只能咬紧牙关，费了九牛二虎之力才将宝鼎举起。

但他再也控制不住宝鼎，宝鼎重重地砸在他的腿上，折断了胫骨。秦武王一声惨叫，伏倒在周王室太庙之中。

身负重伤的少年秦王，不久便离开了人世，享年二十三岁，此时距他继位仅仅三年。

秦武王意外离世，变相中拯救了摇摇欲坠的周王朝。秦军在惊恐哀伤之中迅速撤离王畿，开拔回国。

消息传到咸阳，秦国朝堂瞬间乱作一团。秦武王没有子嗣，秦国王室只能在秦武王的弟弟中选择一人继承王位。但究竟由谁继位，关系到太多人的切身利益，掌权者不可避免地从自身利益出发，提出自己心目中的人选。

一场立君斗争就此开始。

秦武王的生身母亲是魏国人，随着丈夫秦惠文王的谥号，她被称为惠文后。惠文后拥立公子壮继任秦国国君，但是秦国向来不允许太后专政，所以惠文后虽然地位崇高，但在政治上却是一位弱势者。秦惠文王的另一位夫人芈八子对于国君的人选有不同意见。

芈八子是楚国人，“芈”是楚国国君的祖姓，虽然后来楚国国君姓熊，熊姓又分裂出屈姓、申姓等十多个姓氏，如屈原、申包胥等，但是追根溯源，都是“芈”姓。芈八子入秦宫后，受到秦惠文王的宠幸，先后生有三子：公子稷，公子芾，公子悝。

秦武王去世时，公子稷正在燕国做人质，因而芈八子准备扶持自己的二儿子公子芾为国君。

芈八子有一个异母弟弟名叫魏冉。此人在秦武王时期就得到重用。在秦国朝堂上很有地位，他自然希望自己的外甥成为国君，所以全力支持公子芾。

秦武王的暴卒也惊呆了各国诸侯。他们希望在秦国政局之惊天变化中捞取政治优势。赵武灵王在秦国国君尚未确定的情况下，抢先派使者通知秦国，赵国准备到燕国迎请公子稷回秦国继秦王位。

公子稷虽然是芈八子的长子，但若是让赵国干预秦国国君的确立，就会使赵国在政治上得到优势，芈八子和魏冉本不想同意，但无奈迫于赵国的压力，又不得不同意。经反复权衡，秦国的当政者最终同意公子稷回国继位。

那么令诸侯闻风丧胆的秦国，怎么会在确立国君这样重大的问题上迫于赵国的压力，听从赵国的安排呢？这还要从赵武灵王胡服骑射说起。

胡服骑射

赵国国君与秦国国君同姓，都是嬴姓，其先祖造父因为周穆王驾车有功而被分封到赵城，其子孙便称赵氏。赵国立国后，实力始终处于不强不弱的状态，身为战国七雄之一，同齐、秦、楚、魏相比实力有差距，赵国首都邯郸还曾被魏国军队围困。同燕、韩相比又略胜一筹，虽未称霸诸侯，但也不会任人宰割。

公孙衍策动五国相王时，赵武灵王也在其中。这是赵国君主第一次取得王号，但是赵武灵王认为赵国实力不够，在国内仅仅称君，不敢称王。赵国忧患很多，中山国在其腹地，不时挑起争端。北部紧邻胡人地盘，楼烦、林胡、匈奴都很强盛，经常南下侵扰。

赵国不光对付胡人接连失利，在战国舞台上也经常受到强大诸侯国的欺辱。齐、魏两国对赵国左攻右杀，赵国军队经常疲于奔波。赵武灵王继位那一年（公元前 325 年），同属三晋的韩、魏两国国君与太子到赵国来祝贺。这种组织小团伙、小圈子的行为引起了齐国不满，齐将田盼举兵攻伐赵国，大败赵军，俘虏赵将，给刚刚登上政治舞台的赵武灵王一个下马威。

赵国参加合纵反秦，也常常吃亏。修鱼一战，赵国受到很大损失。此后，秦国对赵国更是不依不饶。公元前 316 年，秦军攻取赵国的中都（今山西平遥西南）、西阳（今山西中阳）等战略要地，仅仅过了三年，秦军又攻取赵国的蔺地（今山西离石西）。

在战国长期恶劣的环境中，赵国接二连三地失利，赵武灵王的忧患意识逐渐加强，同时也陷入深深的沉思。赵武灵王吃了胡人很多亏，但吃亏也逐渐吃出了经验。胡人的政治体制很落后，经济力量就更不用提，为什么能在中国北疆纵横驰骋，三番五次打败赵国？

赵武灵王到赵国北部边疆去巡视，亲自查看胡人作战的方式。他发现那些以游牧为生的胡人，个个都是骑马射箭的高手。他们经常组成骑兵在赵国边境进行袭扰，而赵国军队的战车机动能力没有骑兵强。

往往现在还很平静的边境，突然间就会扬起沙尘，一队胡人骑兵眨眼间就到眼前。赵国军队还没组成队形，骑兵已经攻了过去。即便事先得到情报能够组成队形，也很容易就被骑兵冲散。即使赵国军队能够组织起优势兵力，胡人骑兵也能见势不好全身而退，待到赵国军队的战车去追，胡人骑兵早已无影无踪了。

赵国军队对胡人的骑兵基本处于摸不着、打不赢、追不到的常态，只能消极防守、被动挨打。见到这种情形，赵武灵王决定“师夷长技以制夷”，学习胡人的骑兵作战战术，将笨重的战车改为轻快的骑兵，以动制动，以快制快。

但是，紧接着又来了一个问题。胡人长期在草原上生活，所穿的服装是适应草原游牧生活的胡服。这种服装上身是短衣，下身是长裤，中间扎有皮带，足下蹬着皮靴，袖口与裤口紧窄，适应骑马射箭的要求。这样的胡服几乎处处与中原服饰相反。

中原民众数千年来没有骑马的习惯，出行与打仗靠的都是车驾，形成了适合中原生活的传统服饰：峨冠博带，长衣宽袖。穿着这样的服装如何上得了战马，又如何拉得开弓箭。所以要想学习胡人的骑兵战术，首先要学习胡人的服饰装束。

骑马打仗是个技术活，没有一年半载的苦功夫是学不成的。而穿什么衣服没有技术含量可言，只需把宽大臃肿的中原服饰换成短小精悍的胡人服装就行了，三五分钟就可以完成。

但是，偏偏这个没有任何技术含量的换衣服的活，却成了“胡服骑射”改革中最大的障碍。这是中国的一种传统。自古以来中国政治的牛鼻子是“礼”，中国向来讲究的是以礼治国，在礼中体现德，在礼中体现法，在礼中体现天人合一，在礼中体现长幼尊卑，在礼中体现相同与不同。

中国几千年来历次的改变，改革也好革命也罢，最难突破、最难改变的便是“礼”。比如清朝即将灭亡的那几年，学习西方的科技可以，但是穿着西方的服饰不行；学习西方的语言可以，但是想剪掉辫子不行。

按说学习外国语言可不是一朝一夕之功，剪掉辫子就是咔嚓一下的事，但剪掉辫子似乎又比学习语言难得多。

两千多年前的赵武灵王就遇到了这个问题。学习胡人的骑兵战术，改变军队的作战方式，不会带来多少阻碍，但一旦想改变祖先留下来的服饰，放弃象征大国气象、贵族风韵的宽袍大袖，去穿着那种不伦不类、跳梁小丑一样的紧身裤褂，赵武灵王却遭到了空前的阻力。

宗室重臣、赵武灵王的叔父公子成首先站出来反对。公子成是赵武灵王的父亲赵肃侯的弟弟，是一位老派贵族，他不能理解堂堂华夏正统的赵国为什么要学习落后的胡人的服饰。公子成以身体不舒服为由拒绝上朝，对赵武灵王的提议进行消极抗议。

赵武灵王为了推行改革，亲自到公子成的府上晓之以理。公子成认为，中国是仁义之邦，讲究诗书礼仪，如果改变自古以来传承下来的礼制，不听从圣人的教诲，那就是离经叛道，这样的行为不得人心。

赵武灵王则解释说，服饰就是保暖蔽体的工具，怎么方便就应该怎么穿。现在赵国自常山郡一直到代地、上党郡的边境，都不太平。燕国、东胡、中山国、楼烦、林胡、匈奴、秦国都是边境的大患。赵国迫切需要建设一支骑兵部队，要建设骑兵部队就要改变传统，穿着胡服，这是利民强国的好事。

最后赵武灵王语重心长地说:“叔叔啊，我们的历代祖先都希望赵国强盛，叔叔怎么能为了保持一个习俗而违背祖先的意愿呢。叔叔认为穿着胡服是耻辱，然而国家弱小受人欺负就不是耻辱吗？这两个耻辱哪个耻辱更大呢？”

赵武灵王的这句话非常厉害，一下子问住了公子成。公子成似乎也明白了其中的道理。他见赵武灵王决心如此坚定，心里即使一百个不愿意，也表示同意改穿胡服。赵武灵王趁热打铁，马上赐予公子成一件胡服。

此后，还有很多贵族和朝臣站出来反对胡服骑射。赵武灵王不厌其烦地给他们解释，最终胡服骑射的改革在赵国朝堂上下得到一致认可。

赵武灵王派人到赵国北境与草原接壤的地区寻找和购买良马，又高薪聘请胡汉两族的善射之士加盟赵国军队，并帮助赵军训练骑兵。经过一番努力，赵武灵王终于建立了中国历史上第一支成体系、成建制的骑兵部队。

在过去各诸侯国的军队中，也有供人骑乘的战马及少量的骑兵，但是这些骑兵的主要作用是快速传递消息情报，抓捕逃亡的罪犯和敌军将领等，并没有用于大规模作战的骑兵部队。战车和步兵一直是作战的主要力量。赵武灵王打破了这一局面，成功地将北方游牧民族的骑兵作战方式引入中原，这在中国军事史上是具有划时代意义的。

赵武灵王在军事上的勇于革新，也让其得到了应有的回报。引入骑兵后，赵军的作战能力出现了质的飞跃，在各个战场上连战连捷。而此时的秦军主力正在为秦武王完成着他窥九鼎挟天子的梦想，在宜阳同韩国军队打得不可开交。秦武王分身乏术，只得暂时放弃了对赵国的遏制。

赵国军队击败了林胡，占领了与秦国接壤的河套地区，自北向南居高临下对秦国形成了压迫之势。而秦武王却因强举周鼎绝膑暴亡，秦国国内群龙无首，各方势力为秦国嗣君的人选争论不休。

消息传到邯郸，赵武灵王有些坐不住了。

秦昭王继位

如果趁秦国国内混乱之际，能够在秦国确立新王这一关键政治事件中发挥作用，赵国必然在将来的对秦关系上处于优势。那么赵国要支持秦国的哪位公子成为新任秦王呢？

赵武灵王通过分析，发现自己只能控制在燕国做人质的公子稷。首先公子稷是芈八子的长子。芈八子的异父弟弟魏冉在秦国掌有大权，只有在芈八子的亲生儿子中选择秦王，才能得到芈八子和魏冉的认可，才能将秦国对赵国干预秦国内政的反感降到最低。

芈八子的其他两个儿子都在秦国，赵国无法控制。而公子稷在燕国，燕国自然也愿意让在自己国家为人质的秦国公子成为秦王，但是燕国没有实力实现这一点。如此一来，赵国就可以同燕国达成协议，从燕国接回公子稷，胁迫秦国接受公子稷成为新任秦王。

赵武灵王将这一信号传达给秦国之后，秦国众大臣经过反复磋商，最终同意了赵武灵王这一主张。公元前 307 年，公子稷在赵国军队的护送下回到秦国，继秦王位，公子稷便是秦昭王。

赵武灵王拥立秦昭王成功是赵国取得的重大政治胜利。但是，令赵武灵王没有想到的是，他所拥立的这位落魄的人质公子，在日后成长为秦国历史上最为英武睿智的君主，同时也是中国历史上在位时间最长的君主之一，在位长达五十五年。就是在秦昭王统治时期，秦国奠定了统一六国的基础，秦昭王去世后，秦国仅仅用了三十年的时间就完成了统一。

秦昭王同秦穆公、秦孝公、秦始皇并列为秦国历史上最为重要的四大君主。然而这位战国霸主在刚刚继位的时候，并不掌握国家实际权力。他的母亲芈八子与舅舅魏冉以其年幼不能处理政务为名将其架空。秦昭王成了一个傀儡。

秦昭王生于公元前 325 年，他继位时已经是一位十八岁的成年人了，正是一位君王应该亲政的时候，何谈年幼之说？秦昭王之所以不能亲政，首先是因为芈八子与魏冉对权力的向往，其次是因为秦昭王是赵武灵王所立，以芈八子为首的秦国当权派不希望秦国国政受到赵国的影响。

秦昭王继位后，秦国王位之争并没有因此而结束。“芈八子”的意思是“芈”姓的“八子”。“八子”是秦国妃嫔的一种称谓，八子的地位并不高，而秦惠文王的王后惠文后仍然活着，她是秦惠文王的正妻，又是刚刚去世的秦武王的生身母亲，地位高于芈八子。

惠文后不希望芈八子的儿子成为秦国国君，那样一来母凭子贵，芈八子必然会动摇惠文后的位置。惠文后心目中的人选是公子壮。公子稷外有赵武灵王的支持，内有当权派魏冉的支持，惠文后只能眼睁睁地看着公子稷成为秦王。

但是不甘失败的惠文后在秦昭王继位后仍然拥立公子壮为秦国国君，号为季君，与芈八子、秦昭王、魏冉等人分庭抗礼。秦国的内乱爆发。

最终，芈八子一方取得胜利，公子壮被诛杀。至于惠文后，一种说法是与公子壮同时被杀，另一种说法则认为惠文后在失败后忧郁而终。此后，芈八子又将秦武王的王后送回了魏国（秦武王的王后本是魏国人），惠文后——秦武王一派的政治势力被肃清。

芈八子真正成了秦国的女主人。芈八子的谥号为宣太后，这是中国历史上帝王的母亲第一次称太后。芈八子也就成为中国历史上第一位太后。

就在宣太后刚刚掌权的时候，楚怀王派兵围攻韩国的雍氏。当初秦王派甘茂攻下韩国的宜阳和武遂，韩国国力大损。秦武王去世后，秦国国内发生内乱。楚怀王便利用韩国元气大伤，秦国又无暇东顾的时机，也想在韩国身上占一些便宜。

楚军围攻雍氏长达五个月，韩国几乎已经弹尽粮绝。韩国国相公仲侈派人就近向西周国借粮。

西周国国君听说韩国来借粮，心中颇为慌乱。西周国本身就是周王畿分化出来的一个小国，没有多少余粮可以外借。即使有粮可借，到底能不能把粮借给韩国，西周国国君也是左右为难。

若是西周国借粮给韩国，必然得罪楚国。韩国一旦没有抵挡住楚国的进攻，楚国下一步就会以西周国曾经借粮给韩国为借口进攻西周国。

若是不借粮给韩国，必然得罪韩国。楚军退去之后，韩国就会以西周国不借粮给韩国为借口进攻西周国。

总之，无论是楚国还是韩国，西周国都得罪不得。那这粮是借还是不借呢？

大臣苏代对西周国国君说："微臣有一个办法，咱们不但不必借粮给韩国，我还能说服韩国将高都割让给咱们。"

苏代作为西周国的使节出使韩国，见到了韩国国相公仲侈。苏代对公仲侈说：

"楚军已经围攻雍氏五个月之久，此时不单韩军疲惫，楚军远道而来也很疲惫。楚军不清楚雍氏究竟还能抵抗多久，而西周国一旦借粮食给韩国，楚军就会明白韩国已经缺粮，那时楚军必然会加紧攻城，恐怕雍氏反而不保啊。"

公仲侈听后也觉得非常有道理，于是不再向西周国借粮了。苏代却继续说："我看贵国不但不应该向我国借粮，还应将贵国的高都割让给我国。"

这次公仲侈有些糊涂了。苏代解释说："贵国如果将高都割让给西周国，西周国必然同贵国结盟。秦国闻知此事，一定会同西周国断交，那时西周国就只有贵国一个盟友了，西周国一定会全力支持贵国。"

苏代有些趁机勒索韩国的意思，但韩国正在被楚国围困，公仲侈只好答应了苏代的要求。就这样，苏代不但没有借给韩国粮食，还白白得了韩国一座城。

韩国所得到的，仅仅是西周国与之结盟，并提供舆论上的支持。韩国的实际问题并没有得到解决，公仲侈又派尚靳为特使，到秦国去搬救兵。

尚靳见到宣太后与秦昭王说道："韩国是秦国东部的屏障，现在韩国有了灭顶之灾，秦国却不出兵援助，大家都清楚唇亡齿寒的道理，一旦韩国被楚国攻占，对秦国也非常不利，还希望太后和大王能够深思熟虑。"

听完尚靳的一番话，秦昭王没有表态。当时的秦昭王在母亲面前没有资格发表意见，只能看着宣太后。宣太后发表了她的看法。她接下来的话是《战国策》中的一段经典对话。她居然在使臣面前，以当初自己与秦惠文王的床笫之事为比喻，讲了一番秦国不救援韩国的道理：

"当初我在床上服侍先王，先王先将一条大腿压在我的身上，我就被压得喘不过气来，非常难受。可是紧接着，先王将他的全部身体压在我的身上，我反而不觉得他的身体沉重了。尚大夫，您说说这是为什么呢？"

赶紧逃走吧

宣太后一句话问得尚靳哑口无言。面对一国太后这样的问话，尚靳又能说些什么呢，似乎怎么说都不妥当，只好听宣太后继续说下去。

"因为先王将整个身体压在我的身上对我也有好处啊，我感到舒服和愉快呀。"宣太后丝毫不回避。

紧接着，宣太后将她的比喻延伸到两国关系上：

"秦国出兵援救韩国，如果兵力不足，粮草不够，就不能拯救韩国。如果想拯救韩国如今被围困的局面，秦国每天要耗费多少财力物力人力？韩国如果不给秦国一些好处，让哀家感到舒服和愉悦，哀家为什么要出兵呢？”

宣太后明显是在要挟韩国，希望韩国让出一些国家利益。而这是尚靳无法做主的，他只能回国禀报韩王。

韩王又派大夫张翠出使秦国。张翠声言有病，故意在路上放慢了行程。来到秦国后，他首先去面见丞相甘茂。甘茂问道：“韩国的形势应该已经十万火急了吧，不然张先生怎么会抱病出使秦国呢？”

张翠微微一笑：“韩国的形势并不危急。”

“张先生不要再隐瞒了，我们秦国君臣对韩国的情况了如指掌，韩国已经危在旦夕了。”

“甘丞相说的哪里话，韩国若真像您说的那样危急，就去投靠楚国了，我还来秦国做什么呢？”

张翠的话看似漫不经心，实际上是在告诉甘茂，如果这次秦国再不发兵帮助韩国，韩国只能投靠楚国转而与秦国为敌。

甘茂这样的政治家怎么会听不出来弦外之音，他赶紧对张翠说：“张先生稍等片刻，我即刻入宫面见太后与秦王。”

甘茂入宫对宣太后与秦昭王说：

“韩国国相公仲侈一直是心向秦国的。当年他就曾力挺韩国联秦抗楚，只不过秦王没有接受他的建议。如今他掌握国政，希望得到秦国的援助以此对抗楚国。秦国如果不出兵，韩国就会投降楚国。韩国投降楚国，魏国也会降楚。这样楚、魏、韩就会结成同盟共同对付秦国。太后和大王总想在韩楚之战中得到一些好处，我不知是坐等被别人攻击有好处呢，还是主动去攻击别人有好处呢？”

宣太后一听，觉得甘茂说得非常有道理。虽然帮助韩国并不能像当年秦惠文王那样，马上让自己感到舒服和愉悦，但是也总比让韩国投入楚国的怀抱好啊。

宣太后马上传旨发兵支援韩国。在前线的楚军，经过几个月的攻坚战早已疲惫不堪，听说秦军已经下了崤山，向韩国方向开来了，哪里还是秦军的对手，为避免损失，只好撤兵了。

韩国得救了。

甘茂为了让韩国对秦国更加死心塌地，劝说秦昭王将几年前攻占的武遂退还给韩国。此事引起了秦国一个叫向寿的大臣的反对。向寿是宣太后一族的人，自小和还未做秦王的公子稷关系也很好。宣太后与秦昭王得势后，向寿作为外戚和秦昭王的童年伙伴，很受器重。

虽然有当权者的支持，但向寿的官职却总也晋升不上去。秦国自商鞅变法就立下了规矩，没有战功，任凭你是什么样的贵族也不能加官晋爵。向寿驻守在宜阳，日夜都想进攻韩国立下战功，这样就有了飞黄腾达的资本。偏偏这时候甘茂却主张同韩国合作，这样无疑断了向寿的晋升之路。

向寿怀恨在心，就在宣太后与秦昭王的面前中伤甘茂。甘茂当时正与樗里疾一同攻打魏国的皮氏，听说朝中有了这样的变故，他知道向寿在宣太后与秦昭王面前的地位，而宣太后与秦昭王一直都想更换秦武王时期的老臣，他自然在被更换之列。

甘茂意识到，自己苦心为之服务的秦国恐怕是待不下去了。甘茂在皮氏前线脱阵逃走。他准备逃往东方大国齐国，在去齐国的路上，迎面正好碰上苏代。苏代此次是受齐王之命出使秦国。

甘茂对苏代说："我在秦国获罪，畏罪逃亡，如今已无容身之处。我曾听说这样一个故事，一位贫家女与一位富家女共同搓麻纺线。贫家女对富家女说，我没有钱购买蜡烛，而你的蜡烛明亮有余光，我想借着你的蜡烛的余光搓麻纺线，这样既无损于你，还照亮了我。我现在就是那个贫家女，一丝光亮也没有。我的妻儿老小还在秦国，苏代先生能不能用你的余光照亮他们呢？"苏代点头允诺。

苏代到秦国后，对秦昭王说："听说贵国的左丞相甘茂逃亡到齐国去了。甘茂可不是一个一般的人，他在秦国居住了那么久，对秦国的山川地貌了如指掌。如果他在齐国得势，联合魏国、韩国共同攻伐秦国，对秦国非常不利。”

秦昭王问破解的办法。苏代说：“大王不如用高官厚禄将他迎请回来，如果他能回来，就把他软禁起来，从此不许他离开秦国，这样不就没有后患了吗？”

秦昭王马上派出使者，带着秦国丞相的大印到齐国去迎请甘茂。甘茂知道这是苏代的话起了作用，也知道秦国万万不可回去，就谢绝了秦国的邀请。

苏代回到齐国后，对齐王说：“甘茂可不是一个一般的人物，我听说秦王派人拿着秦国的相印来迎请甘茂，甘茂因为感念大王的恩德，喜欢在齐国做臣子，而没有答应秦国的邀请。大王应如何对待这样的贤士呢？”齐王听后马上给予甘茂上卿的待遇。

而秦国为了拉拢甘茂，不但没有伤害甘茂在秦国的家人，还免除了他们的赋税。

甘茂成为齐国上卿后，为齐国出使楚国。此时楚怀王刚刚同秦国联姻，楚国与秦国的关系正处于蜜月期。秦昭王听说甘茂来到了楚国，就派人出使楚国，希望楚怀王能扣留甘茂，并将其送回秦国。

楚怀王问一个叫范蜎的臣子：“秦国现在希望我将甘茂遣送回秦国，我正想以我的力量在秦国安排一位丞相，这样可以扩大楚国在秦国的影响，先生觉得甘茂是不是合适呢？”

范蜎斩钉截铁地回答说：“不合适。甘茂确实是一位贤才，但正因为他是贤才，他做了秦国的丞相对楚国来讲可不是好事。当然，大王曾将召滑推荐到越国去做官，他到越国后，把越国国内搅得大乱，大王趁机一举灭了越国。大王知道对越国这样做，怎么就不对秦国这样做呢？

“如果大王想在秦国安置一个丞相，我觉得向寿是再合适不过的人选了。向寿是个奸猾的小人，日夜都想飞黄腾达，他又是宣太后的亲戚，年少时同当今的秦王同穿一件衣服，现如今又与秦王同乘一辆车子。大王推举向寿，秦国一定会同意的。向寿做了秦国丞相，那才是楚国之福啊。”

楚怀王听后派出使臣，到秦国请求宣太后与秦昭王能让向寿担任丞相。向寿终于坐上了秦国丞相的宝座，而甘茂终其一生也没有回到秦国。

但是，甘茂的后人却在秦国世代生存了下去。甘茂的后人中，还出了一位了不起的人物，那就是十二岁便成为秦国上卿的甘罗，他的故事我们在后文中会详细讲述。

第四章 秦相孟尝君

智斗父亲

向寿做了秦国丞相，此时宣太后家族在秦国的势力已经非常强大，除了魏冉与向寿，宣太后同父弟弟芈戎也进入了秦国的统治集团高层。芈戎出生在楚国，早年间在楚国犯了罪逃亡到东周国。宣太后掌握秦国最高权力后，芈戎被封为华阳君，甘茂逃亡后，芈戎被任命为左丞相，与宣太后共同执政。

宣太后还册封自己的二儿子公子芾为泾阳君，三儿子公子悝为高陵君。他们同宣太后、魏冉、芈戎、向寿共同组成了一个皇亲国戚集团，把持秦国政局，这同秦国向来重用各国客卿的传统是相悖的。但是就在这个时候，一个来自齐国的叫田文的人，却坐上了秦国丞相的位置。这个田文就是战国四公子之一的孟尝君。

孟尝君是齐国的王孙。他的父亲是齐威王的小儿子田婴。田婴经常带兵出征，屡立战功。公元前 311 年，田婴被任命为相国。

田婴有四十多个孩子。奇怪的是，他的一个地位卑贱的妾在一个不吉祥的日子生了一个小儿子，这个小儿子不仅继承了他的封地，而且入将拜相、名噪一时。这个小儿子究竟有何与众不同之处呢？

有一年的五月初五，田婴的一位夫人为他生了个儿子——田文。本来生子是一大喜事，但那时的人们很迷信，按照当时的迷信说法，五月初五是个不吉利的日子，这一天出生的孩子会妨害父母。

田婴于是不高兴起来。他阴着脸对人说："五月初五出生的孩子会让我大祸临头，还是赶快把这个孩子扔掉吧。"田文的母亲是田婴的一位妾，地位非常低下，在这个家里连说话的权利都没有，更别说劝说田婴留下孩子了，于是她默默地把孩子抱走。但她怎么舍得丢弃自己亲生的骨肉呢？她将孩子藏在一个秘密的地方偷偷地养了起来。

一晃几年过去，田文也渐渐地长大。此时的田婴渐近晚年，考虑到自己年事已高，田婴让人招来自己的四十多个儿子，应该考虑立嗣的问题了。田文的母亲认为这是一个千载难逢的机会，如果此时不让田婴接受田文，田文可能永远没有出头之日了，于是她就冒着生命危险把田文也带来了。

田婴看着自己的四十多个儿子，突然发现一个陌生的面孔，很惊讶地问："这是谁呀？我怎么没见过？"有人大着胆子告诉他："这是您的儿子田文。"

田婴一听此言，突然拉下脸来，朝田文的母亲劈头盖脸一顿臭骂："我让你把这个孩子扔了，你竟敢把他养活了，这是为什么？"田文的母亲吓得脸色苍白，一句话也说不出来。

大厅中的气氛异常凝重，小田文跪在下面深知，此时已经到了决定自己命运的关键时刻，如果现在不能赢得父亲对自己的承认，不仅自己会有杀身之祸，而且也会连累母亲。如何让父亲接受自己呢？现在是应该哭着喊着求父亲饶过自己一命吗？

父亲是久经沙场的将军，眼泪恐怕不能将父亲的心肠泡软，就算父亲看他可怜勉强留下他的性命，他也会是父亲四十几个儿子中无足轻重的那一个。与其这样进行没有把握的求饶，还不如和父亲针锋相对，让父亲知道自己的才华，兴许能让父亲对自己另眼相看。狭路相逢勇者胜，既然躲不过去就死磕，对，就是这个主意。

于是田文不等父亲做出对自己的处理决定，立即向父亲叩头大拜，明知故问："您不让养育五月五日生的孩子，是什么缘故？"田婴没好气地回答说："五月五日出生的孩子，如果长到跟门楣一样高，就会害父害母的。"

孟尝君并不慌张，跪在地上继续问父亲："人的命运是受天支配的，还是受门楣支配的呢？"这一下把田婴给问住了，支吾了半天，答不出一句话来。孟尝君接着又说："人的命运，如果受天支配，我的出生就是天意，您又何必忧愁呢？人的命运如果受门楣支配的话，您把门楣开得再高点儿，谁又能长到门楣那么高呢？"

田婴一生除了国君从没被谁这么教训过，今天被眼前的儿子给问住了，他一下子无言以对。这时，一些门客也上前替田文求情。田婴慢慢地冷静下来，决定考虑考虑再说。

田文见自己说的话收到了效果，于是趁热打铁，问他父亲说："儿子的儿子叫什么？"田婴答道："叫孙子。"

田文接着问："孙子的孙子叫什么？"田婴答道："叫玄孙。"

田文又问："玄孙的孙子叫什么？"田婴有点儿不耐烦了："谁知道那么遥远的事！"

田文说："您执掌国家大权，担任齐国宰相，到如今已经历三代君王了。可是齐国的领土没有扩大，而您家里却积贮了万金的财富。现在您的姬妾可以践踏绫罗绸缎，您的男仆女奴有剩余的饭食肉羹，其他人却穿不上粗布短衣，连糠菜也吃不饱。

“可是父亲，您现在还是不知足，还在继续搜刮民财，一个劲地增加积蓄，想留给那些连称呼都叫不上来的人，却忘记国家在各诸侯国中一天天在衰弱。如果您不把国家大事放在心上，国家真的出了大事，您辛辛苦苦积累的财物，会落在谁的手里呢？”

田婴虽然迷信，但却是一个通情达理的人，他一下子发现眼前这个从未谋面的儿子说得句句在理。田婴改变了对田文的态度，不但留下田文而且逐渐器重他，让他主持家政，接待宾客。

田婴家里的宾客来往不断，日益增多，田文的名声随之传播到各诸侯国中。各诸侯国都派人来请求田婴立田文为嗣子，田婴很高兴地答应下来。田婴死去，田文承袭了他的封地，成为孟尝君。

趋利避害是人的本性。我们每个人，谁都不愿意面对危险。但当危险来临，想躲避却躲避不开的时候，我们应该如何去做呢？与其向危险低头，坐以待毙、引颈就戮，倒不如学习小田文的胆识，直面危险，也许可以杀出一条血路来。

门客

孟尝君袭位之后，代表齐宣王到各国去进行友好访问。首先到达楚国的郢都，楚王为了表示对齐国的友好，送给孟尝君一张象牙床。象牙床在当时非常名贵，可谓价值连城。应楚王的挽留，孟尝君决定在楚国多逗留几天，他就委托一个叫登徒直的人护送象牙床回薛邑。

登徒直不愿意接受这么重要的差事，但是在孟尝君面前也没敢说什么。离开孟尝君后，他就去拜访孟尝君的门客公孙戌，对公孙戌说：

“楚王的象牙床价值千金，这么贵重的东西，如果在送去的路上稍微有一些磕碰，对于我这样一个贫贱的人来说，都是天大的事情，就是让我卖掉老婆孩子也赔不起。希望公孙先生能说服孟尝君，只要你能设法不让我去送象牙床，我这里有一把家传的宝剑，愿意献给你。”

当时的士都喜爱宝剑，公孙戌也不例外，正好公孙戌心里认为孟尝君接受象牙床有些不妥，于是就答应了登徒直的请求，前去说服孟尝君。

公孙戌对孟尝君说：“如今天下的小国之所以都争先恐后想聘请您去兼任宰相，是因为您不畏强暴、不欺凌弱小，还经常用您的力量和智慧帮助那些快要灭亡的小国家重新振兴起来。大家佩服您的仁义，仰慕您的清廉。

“可您刚刚到楚国，就笑纳了象牙床这样名贵的礼物。如此一来，其他的国家也必须要送给您一些礼物才是，而那些小国，拿什么来送给您呢？您这不是既毁坏了自己清廉的名声，又让其他人为难吗？”

孟尝君在这里体现出他善于接受意见改正自己错误的优良品质，他马上深感惭愧地说：“先生言之有理，赶快去告诉楚王，象牙床我不要了。”

公孙戌觉得大功告成，心里按捺不住地高兴，连忙告辞，快步离开，可他刚刚走了没几步，孟尝君又把他叫了回去，问他：“你让我不要接受象牙床，这个建议很好。可是你为什么脚步抬得很高，显得趾高气扬，像是有什么令你高兴的事呢？”

公孙戌见孟尝君看出了破绽，于是笑着说：“我有三件大喜事，又可以得到一把宝剑。”孟尝君不解：“此话怎讲？”

公孙戌说：“您有上百名门客，遇到您收受象牙床这样的错误，都不敢直言劝谏，只有我敢做，我觉得很骄傲，这是第一件喜事；您虚心纳谏，听从了我的劝告，这证明您是一位开明的主公，我没有跟错人，这是我的第二喜；通过我的劝谏，阻止了您犯过失，我对您的事业发挥了作用，这是第三喜。另外，还有一个秘密，我是受人之托。”

他将登徒直的事说了一遍，并说:“我可以因此得到一把宝剑，您说，我能不高兴吗？”

孟尝君一听哈哈大笑，反问公孙戌:“你拿到你的宝剑了吗？”

“没有经您的许可，我没敢拿。”

孟尝君说:“你快点去拿吧！”这事之后，孟尝君在大门上写道:“谁能传扬我田文的名声，阻止我田文的过错，并为自己获取宝物，就马上来劝谏我吧！”告示一贴出，大家都争先恐后为孟尝君提建议，孟尝君的名声更大了。

孟尝君没有因为公孙戌是收受了别人的贿赂才来劝谏自己而怪罪公孙戌。这是因为公孙戌的话客观上是正确的，可以帮助自己改正错误。一件事只要客观上对自己有利，又何必去追问做这件事的主观动机是什么呢？

古往今来，能成大事者往往都是能虚心接受别人的批评建议进而改正自己错误的人。只有经常改正自己的错误，名声才会长久。孟尝君便是如此，司马光说:“田文是一位真正能采纳别人意见而壮大自己的人。”此言不虚。

豆腐发明了几千年，可是臭豆腐的历史却只有短短百余年。难道是几千年来就没有一块豆腐因为某种原因坏掉，被人发现成了臭豆腐吗？肯定不是。只不过腐败发霉的豆腐，在一般人眼中是没有用处的垃圾，被不假思索地随手扔掉了。

这些腐败发霉的豆腐一旦被某双慧眼发现，就会发明出一种美味的食品。孟尝君就是这样一个善于发现臭豆腐价值的人。他识人、用人的手段无人能及。

比如，一个门客与孟尝君的一位夫人发生了暧昧关系。在当时，理应将这门客杀死，即便是孟尝君宽宏大量，至少也要将他赶走。而孟尝君却认为这位门客勾引他老婆是具有才能的表现，因而非但不怪罪，还替其保密、格外厚待，并热心举荐他去卫国做官。与主人的夫人通奸，无论如何都是一种恶劣的品行，可谓“臭”到了极点，但就在这种“臭”的后边，或许隐藏着别人没有的能力，关键在于领导者是否能够发现、善于运用。

有一天，孟尝君家中又来了两位门客。孟尝君问他们有什么本领。其中一个人说：“别的本领我不会，只会披着狗皮学狗盗洞。”另一个人说：“别的本领我不会，只会学公鸡打鸣。”当时的士都很讲气节，听说这两个人只会“狗盗”与“鸡鸣”这样“臭”的本领，都对他们嗤之以鼻，不愿意和他们在一起，于是劝孟尝君赶走他们。孟尝君却笑着留下了这两块“臭豆腐”。他知道，这些“鸡鸣狗盗”之辈，如果用其所长，也是能派上大用场的。

鸡鸣狗盗

随着孟尝君的贤名远播，其他国家的一些君王也想请孟尝君为自己的国家服务。秦昭王动手最快，他把自己的兄弟泾阳君安排到齐国做人质，要交换孟尝君到秦国。孟尝君也希望能够到蒸蒸日上的秦国施展自己的才华，于是准备赴秦。而门客们害怕孟尝君到了秦国有危险，都不赞成他出行，但是孟尝君执意前往。

这时苏代对孟尝君说：“今天早上我从外面来，见到一个木偶人与一个土偶人正在交谈。木偶人说：天一下雨，你就要坍毁了。土偶人说：我是由泥土生成的，即使坍毁，也要归回到泥土里。若天真下起雨来，水流冲着你跑，可就不知把你冲到哪里去了。

“当今的秦国和齐国相比，秦国是石头，齐国只是鸡蛋。秦国以泾阳君为人质，不过是诱饵，哄骗您过去。即使秦国做出了对不起您的事情，齐国也不敢把泾阳君怎么样。如果是那样的话，您是有去无回，可是泾阳君却仍然来去自由。您能不被土偶人嘲笑吗？”

孟尝君听后，悟出了个中道理，停止了出行的准备。

后来，齐湣王禁不住秦昭王的一再要求，权衡再三后，还是把孟尝君送到秦国。孟尝君面见秦昭王的时候，献上了自己带来的许多贵重礼品，其中包括他本人最为珍贵、价值连城的白狐裘大衣。秦昭王当即封孟尝君做了秦国国相。这引起了当庭的秦国官员的不满，尤其是樗里疾。

孟尝君离开秦宫，樗里疾就向秦昭王进言："孟尝君确实是个贤士，可他是齐王的同宗，现在任秦国宰相，谋划事情必定是先替齐国打算，而后才考虑秦国，那不是很危险的事情吗？"秦昭王越想越害怕，于是就罢免了孟尝君的宰相职务。他把孟尝君囚禁起来，图谋杀掉孟尝君。

孟尝君十分着急，他召集所有的随从商讨对策，大家都束手无策。这时那个善于学狗盗洞的门客凑了过来，说："我听说秦王身边有个宠爱的妃子，可托人向她求救。"那个宠妾答应可以帮助孟尝君，但是提出一个条件，希望得到孟尝君的白色狐裘大衣。

孟尝君和手下的门客商量，说："白色狐皮裘价值千金，天下没有第二件，已经送给秦王了，哪里还能要得回来呢？"

那位会披狗皮盗东西的门客说："您的狐皮大衣只有一件，而且已经被大人送给了秦王，不可能要回来。如今只有让小人今天晚上扮装成一条狗，潜入秦宫，将那银狐皮袍偷出来，再献给那个宠妾。"

孟尝君没有别的办法，只好点头同意了。

到了晚上，那人果然装扮成一条狗，钻入秦宫，把那件银狐皮袍偷了出来。然后，孟尝君托人把它交给那位秦王的宠妾。那位宠妾得了银狐皮袍后，替孟尝君向秦昭王说情，秦昭王耳朵根子一软，就答应释放孟尝君。

孟尝君获释后，立即乘快车逃离，更换了出境证件，改了姓名逃出城关。夜半时分一行人到了函谷关，那时的人们还没有准确的计时工具，国门的开闭也没有准确的时间，所有关口每天以鸡鸣为号，只要鸡叫了，不管天亮没亮，士兵就打开关门。

孟尝君午夜时分到达函谷关下，鸡不会在这个时候叫，要是等到天亮再出关，孟尝君又怕秦昭王变卦。孟尝君正躲在关下十分着急，突然听到几声嘹亮的鸡叫，孟尝君又惊又喜，循声望去，原来是那个善于学鸡叫的门客正在“引吭高歌”。

紧接着，函谷关周围的公鸡也随着一齐叫了起来。守关的士兵以为天将明，随着吱呀呀的木门开启，孟尝君一行顺利出关。

再说秦昭王越想越不对劲，让人到驿站一看，孟尝君果然已经逃走。秦昭王后悔放了孟尝君，立即安排人快马去追。等秦王追兵赶到的时候，孟尝君他们已经远去没有了踪影。

孟尝君回到薛邑，大摆庆宴，为帮助他从秦逃回的有功之人庆功。那两个做狗学鸡的人被他敬若上宾。孟尝君感慨地说：“我这次能够脱离虎口之险，全仗‘狗盗、鸡鸣’之功。”过去那些以与这两个鸡鸣狗盗之徒为伍感到耻辱的人，这时对孟尝君打心眼里佩服。齐湣王见到孟尝君回来十分高兴，拜他为相，执掌齐国政务。

尺有所短，寸有所长。每个人都有不可替代的优势。因此，所谓废物，只是放错了地方的财富。好领导把废物放对地方，让他变成了财富；坏领导把财富放错地方，让他变成了废物。

当然，对于那些有鸡鸣狗盗能力的人才是不是应该重用，也有人有不同的看法。宋代文学家改革家王安石曾做过一首仅仅有百字的驳论文《读孟尝君传》：

世皆称孟尝君能得士，士以故归之，而卒赖其力，以脱于虎豹之秦。嗟乎！孟尝君特鸡鸣狗盗之雄耳，岂足以言得士？不然，擅齐之强，得一士焉，宜可以南面而制秦，尚何取鸡鸣狗盗之力哉？夫鸡鸣狗盗之出其门，此士之所以不至也。

在这篇文章中，王安石认为，世人都称赞孟尝君善于发现人才获得人才，因此许多有能力的人都投到他的门下做宾客。而他也借助这些门客的力量，逃脱出如虎豹一样凶险的秦国。其实，孟尝君不过是那些鸡鸣狗盗之徒的头头罢了，他的门下哪有什么正经有能力的大才呢？他哪怕得到一个真正能治国安邦的人才，就凭齐国那样强大的国力，完全可以同秦国分庭抗礼，甚至制服秦国南面称王，哪里用得着那些鸡鸣狗盗的下三烂手段呢？也正是孟尝君的门下都是那些鸡鸣狗盗欺世盗名的油滑蠢材，而真正有惊世才能的高人才不肯与之为伍，不到孟尝君门下去的原因啊。

王安石的观点令人警醒发人深思，面对只会鸡鸣狗盗的人才，究竟是用还是不用，看官朋友们又是怎么想的呢？

买来的情义

齐国有个叫冯谖的人，生活贫困，养活不了自己。他让一个人转告孟尝君，说愿意到孟尝君门下做门客。

孟尝君问:“冯谖有何爱好？”

那人回答说:“没有什么爱好。”

孟尝君又问:“他有何才干？”

那人挠挠脑袋想了半天，回答说:“没什么才干。”

孟尝君笑了笑:“好吧，就让他到传舍吧。”

原来，孟尝君声名鹊起后，大批宾客前来投奔。人多了，消费太大，孟尝君接待门客的费用，皆取于封地的租税，已远远不够支出。于是孟尝君设置了三等客舍：

上等叫“代舍”，接待有大才能的上等门客，食有鱼肉，出入有车；

中等叫“幸舍”，接待有一技之长的中等门客，吃饭虽有鱼肉，但出入只能“腿儿”着；

下等叫“传舍”，接待一些混吃混喝、没有才能的门客，食物一般，出入自便。

前番“鸡鸣”“狗盗”的两位门客原来就住在传舍，自秦国归来后即迁入“代舍”，列为上客。孟尝君听说冯谖没什么本领，就把他安排在传舍。

十天后，孟尝君询问住所的负责人说：“冯谖近来做什么了？”

负责人回答说：“他时而弹着自己的宝剑唱道：‘长剑啊，咱们回家吧！吃饭没有鱼。’”

孟尝君听后，便让冯谖搬到中等食客的住所里。

这次，冯谖吃饭有鱼了。过了五天，孟尝君又向那位负责人询问冯谖的情况。

负责人回答说：“客人又弹着剑唱道：‘长剑啊，咱们回去吧！出门没有车。’”于是孟尝君又把冯谖迁到上等食客的住所里，进出都有车子坐。

又过了五天，孟尝君再次询问那位负责人。

负责人回答说：“这位先生又弹着剑唱道‘长剑啊，咱们回家吧！没有办法养活家。’”

孟尝君便派人给冯谖家中送去一笔钱。之后，冯谖没再说什么。

孟尝君的食客有三千人之多，薛邑的赋税收入不够供养这么多食客，孟尝君就派人到薛邑向穷人放贷。过了整整一年，由于年景不好，借债的人多数不能按时付给利息。对于这种情况，孟尝君问左右侍从：“谁可以被派往薛邑去收债？”

那个住所负责人说：“上等食客住所里的冯谖老先生已经白吃白住很久了，从他的长相看，倒像个精明人，估计派他去收债没有问题吧。”

孟尝君便找来冯谖向他请求说：“宾客们不知道我无能，光临我门下的有三千多人，如今我的食邑收入不能够供养宾客，所以在食邑放了些债。可是借债的人多数不能付给利息，这样下去，宾客吃饭恐怕都成问题了，希望先生替我去索取欠债。”

冯谖说：“好吧，收账回来买些什么呢？”

孟尝君说：“先生看家里缺什么就买点什么吧！”冯谖便告别了孟尝君，到了薛邑。

冯谖到了那里，欠债还不起的百姓都不敢来见。冯谖就买了大量酒肉，随即让大家一起参加宴会。

宴会上正当大家饮酒尽兴时，冯谖就拿着契据走到席前一一核对，能够付给利息的，便定下还债的期限；穷得不能付息的，冯谖就取回他们的契据当众烧毁，对大家说：

“孟尝君之所以向大家贷款，就是给没有资金的人提供资金来从事行业生产；他之所以向大家索债，是因为没有钱财供养宾客。如今，富裕的有钱还债的已经约定了日期还债，贫穷的无力还债的烧掉契据把债务全部废除，永远不用再还了，请各位开怀畅饮吧。这都是孟尝君的恩典，大伙可别忘了啊！”

一番话，说得薛邑的百姓感动得流泪不已，大家欢呼起来，都万分感激孟尝君的恩德，纷纷说：“我们有这样的封邑主人，日后怎么能背弃他呢！”从此一心一意地拥戴孟尝君。

孟尝君看到冯谖两手空空地回来，就有些讥讽地问他：“先生替我买来了什么呢？”冯谖不慌不忙地回答说：“您让我看家里缺什么就买什么。我看家里什么都不缺，只缺少‘义’，我就替您把‘义’买回来了。”

接着冯谖不慌不忙地说：“主公，我办酒席，是为了把债户全都找来。债户不来，怎么知道谁付得起利钱，谁又付不起呢。现在，付得起的已经定好期限，到期准能交上。付不起的，就是再过十年八年，他还是付不起。您要是硬逼着他们，他们索性跑到别的地方去了，那些债券还有什么用处呢？您照样得不到钱，还落个不好的名声，这划得来吗？我把这些没用的债券烧了，使薛城百姓对您感恩戴德，到处颂扬您的美名，这不是大好的事情吗？”

孟尝君觉得言之有理，也就没有怪罪冯谖。

过了不久，秦昭王派人到处散布谣言说：“天下只知有孟尝君，不知有齐王。孟尝君不久就要当国君了。”

秦人还造谣说孟尝君一旦即位必先攻打楚国，于是楚国也到处说孟尝君的坏话。齐王听了这些谣言就起了疑心，解除了孟尝君的相国职务。

孟尝君的那些门客一看主人失了势，纷纷离去，只有冯谖还一心一意地跟着他。

孟尝君垂头丧气地回到自己的封地薛邑去闲居。他还没进薛邑，老远就看见薛邑的百姓扶老携幼，提着食物，带着菜肴、酒水夹道欢迎他。

孟尝君不由得掉下泪来，恭恭敬敬地对冯谖说：“先生给我买的情义，今天我算是亲身感受到了。”

正所谓人情冷暖，世态炎凉。孟尝君得势时，高朋满座、门庭若市；一旦失势，三千门客一哄而散。可见金钱能买来人力但不能买来忠诚。

而冯谖却和孟尝君形影不离，薛邑的百姓一听孟尝君来了也都夹道欢迎。他们为什么会对孟尝君那么忠诚，那是因为孟尝君在他们身上花费的不光是金钱，还有情义。金钱买不来忠诚，但是情义可以换取忠诚，而金钱在某些情况下又可以去买来情义，这就使金钱买来忠诚成为可能。

这里所说的“某些情况下”就要具体问题具体分析了。比如冯谖，为什么其他食客也吃孟尝君的饭，却对孟尝君不忠诚呢？是因为这些门客都属于“士”这个层次。要想让他们对某人忠诚不是简单吃点饭就能做到的。正所谓“士为知己者死”，他们要得到的是认可、信任、理解。孟尝君对冯谖的态度就是如此。而薛邑的百姓只是普通的民众，给一些诸如免除债务这样的小恩小惠就可以买来情义了。

金钱本身买不来忠诚，但如果通过某些手段，使金钱买来忠诚，那就是天底下最划算的买卖了。

狡兔三窟

距今大约两千两百年前，正处在我国的战国时代。在今滕州城南三十余里处，有一座城池，城墙宽厚，城楼高耸，绕城一周要走二十余里。城内街道纵横，殿舍宏伟，殿堂林立，商贾云集。这座“有六万余家”的繁华市镇，就是当时齐国的两代国相孟尝君父子的封地——薛邑。而今，薛邑故城虽历经沧桑，但城迹犹存，逶迤起伏，清晰可见。孟尝君善于养士的故事仍脍炙人口，在人们中间流传。

孟尝君在薛邑安顿下来。但薛邑的生活毕竟不能和当初在临淄做相国时的生活媲美。孟尝君也不甘心就此退出政坛，因而每天闷闷不乐。

冯谖看出孟尝君的心事，便说：“为什么有的兔子成为老鹰的食物，而有的兔子却可以悠闲地吃草安度一生呢？”

孟尝君说：“在下不知，请教先生。”

冯谖不慌不忙地说：“有的兔子只有一个窝，它离开窝到外面吃草时，一旦发现老鹰向自己袭击，可能想回窝已经来不及了，只能在草地上乱跑，这样的兔子就容易成为老鹰的嘴中食、腹中餐。而狡猾机灵的兔子有多个窝，一旦发现老鹰向自己袭击，它会就近躲藏起来。这样的兔子就不容易被吃掉。您现在只有薛邑一个安身的地方，就像兔子只有一个窝，是远远不够的。”

“那怎么办呢？”孟尝君急切地问道。

“请让我再去为您挖几个窝吧。我去秦国走一趟，让秦王重用您，到了那时，您的封地薛邑，齐国的都城临淄，秦国的都城咸阳都会是您安身的地方。”

孟尝君一听喜出望外，就给了冯谖五十辆车子，五百斤黄金，让他去运作。

冯谖离开薛邑，没有直接去秦国，而是先去了趟魏国。他对魏王说："现在齐王听信谣言把他的大臣孟尝君放逐到国外去。孟尝君是个有能力有名声的贤者，哪位诸侯先得到他，就可使自己的国家富庶强盛。"

魏王把原来的相国调为上将军，把相位空出来，并派使者乘坐百辆车子，带着千斤黄金去聘请孟尝君。冯谖先赶车回去，告诉孟尝君说："百辆车子、千斤黄金，主公的面子已经够大了。但这只是让齐王听到风声，知道您的能力而已，您不要去魏国，等着我再去秦国游说。"魏国的使臣往返了三次，孟尝君坚决推辞不去魏国。

冯谖来到咸阳，对秦王说："如今的天下，是诸侯争霸的天下。争霸的关键是人才，哪个国家得到的人才多，哪个国家就强大。齐国能有今天，还不是全仗着孟尝君礼贤下士，治国有方吗？可如今齐王听信谣言，嫉贤妒能，气量狭小，竟然免了孟尝君的相国之职。孟尝君现在赋闲在薛邑。我听说魏王派使者乘坐百辆车子，带着千斤黄金，去聘请孟尝君，往返三次都没有成功，这是因为孟尝君认为在魏国没有发展前途。秦国是一个蒸蒸日上的国家，孟尝君一定愿意为秦国效劳。您若能趁这个时候，把他请到秦国来，好好地以礼相待，让他为秦国效力，还愁秦国不强大吗？您如果犹豫不决，齐王一旦反悔，重新起用孟尝君，您后悔可就晚了。"

秦国虽然被称为虎狼之邦，但由于它地处西鄙，文化教育没有中原发达，自己国家的人才十分稀少。秦国的强大多是靠引进其他国家的人才，如商鞅、张仪、范雎以及后来的李斯、韩非都是其他诸侯国的人。因此，秦国有使用他国人才的传统。

上次秦王要杀孟尝君只是由于樗里疾从中作梗。孟尝君逃走后不久，樗里疾也紧跟着谢世了。关于樗里疾之死，还有这样一段传奇。

据说，樗里疾临终前曾经预言道：“我百年之后，我的坟墓周围会修筑起天子居住的宫殿。我的坟墓会被这些宫殿夹在中间。”

樗里疾死后就葬在咸阳城东南方向，渭水南岸章台之东的龙首原一带，当时那里还是一片荒地。

樗里疾去世的时间是公元前300年，整整一百年后，汉高祖刘邦刚刚坐稳了江山，就在龙首原修建了未央宫与长乐宫，未央宫在樗里疾墓西侧，长乐宫在樗里疾墓东侧，果然和樗里疾的预言完全一样。因此樗里疾被后世的风水先生奉为行业神和祖师爷。

孟尝君在齐国任相后，秦王也很后悔没有好好对待孟尝君，如今樗里疾已死，已经无人反对任用孟尝君，再听冯谖这么一说，马上派遣使者，带了重礼，用迎接丞相的仪式去迎接孟尝君。

冯谖一看秦王果然去请孟尝君，便一溜烟返回齐国。他先于秦国的使节到达齐国，来不及报告孟尝君，就直奔临淄求见齐王。

他对齐王说：“人才是如今诸侯争霸的关键，谁得到了人才，谁就可以称雄天下。我在来临淄的路上听说秦王已派人带着重礼来迎请孟尝君去秦国当丞相，如果真的是这样，齐国岂不是很危险了吗？”

齐王先前已经听说魏国曾三次派人聘请孟尝君。这时他正在心里打鼓，一听说秦国也派人来请孟尝君了，更是着急。齐王忙派人去探听，果然得到报告说秦国的车马已经快到达薛邑了。齐王一听是真的，可着了急，忙问冯谖该怎么办。

冯谖说：“孟尝君先前之所以没有答应魏国的请求，是因为孟尝君是齐国王族，他心里还是更愿意为齐国出力的。大王如能恢复孟尝君的齐国相国职位，再多赏些田地财物，一定能留住孟尝君。”

齐王这时已经慌了手脚，立刻下令恢复孟尝君的相国职务，又赏了他一千户的土地，并马上接他回到都城临淄的相府。

孟尝君又堂而皇之地成了齐国的国相。

到此时，冯谖为孟尝君营造的“三窟”已经修缮完毕。齐国、魏国、秦国，都成为孟尝君可以存身的地方。即使这些地方都待不下去了，还有薛邑的百姓拥护和支持他。

第五章 昭王时代

垂沙之战

因宣太后是楚人，秦国宣太后当政后，便将楚国当作母国看待，希望楚国能成为自己在秦国执政的外援和靠山。

宣太后为自己的儿子秦昭王选择了楚国宗室女作为王后，同时将秦国宗室女嫁与楚怀王为妇。秦国与楚国这对老冤家居然经历了一段难得而短暂的蜜月期。特别是楚怀王举荐宣太后的亲戚向寿为秦国丞相之后，秦国朝堂上的亲楚势力更加得势。

公元前 304 年，楚怀王与秦昭王在黄棘（今河南南阳南）相会，双方订立了互不侵犯友好协作的盟约，同时为了表示诚意，秦国将早已攻取的楚国上庸地区归还给了楚国。楚怀王大喜过望，再一次将秦国当作了自己的心腹盟国。

既然楚国已经成了秦国当政者的娘家人，那么秦国短时间内就无法再向楚国扩张。秦国将自己扩张的苗头再次转向了另外两个邻居：韩国与魏国。

在与楚国订立盟约的第二年，秦国攻占了魏国在黄河上的重要渡口蒲阪（今山西永济西）、晋阳（今山西永济西南）和封陵（今山西风陵渡东）。同时秦国再次攻占刚刚归还给韩国的武遂。韩国再次面临被秦国拦腰斩断的危险。

魏国与韩国见楚国已同秦国结盟，秦国又对自己攻伐不断，只能转而向东方寻求盟友共同抗秦。

他们首先希望选择与自己同为三晋国家的赵国一同抗秦，而此时赵武灵王正在将自己胡服骑射的改革深入下去，同时赵武灵王早已经将主要用兵方向转到了中山国和北部与胡人接壤的地区，他暂时不希望赵国卷入战国各诸侯国的争斗中。特别是他刚刚立了秦昭王为秦国国君，更不会支持韩国与魏国同秦国作对。

鉴于此种情况，韩国与魏国只能同齐国联合。此时孟尝君正在齐国任国相，孟尝君这个人不仅仅是齐国的一位封君，也不仅仅是一位贵族公子，他还是一位颇有头脑的纵横家。长期以来，他奉行“近交远攻”的政策，也就是与近处的诸侯国同盟，共同征伐远方的诸侯国。在没有做齐国国相之前，孟尝君就曾力主齐国与魏国的公孙衍合作，他还曾出任魏国国相，在魏国专门搞合纵抗秦活动，但是屡次都不成功。

孟尝君成为齐国国相后，手里掌握着大权，就策划让齐宣王成为合纵国的纵约长，联合韩国、魏国共同抗秦。

在秦国与楚国关系缓和之后，孟尝君还曾致信楚怀王，在信中，孟尝君力劝楚怀王同齐国合作，共同抗击秦国，认为这样楚国可得到秦国的武关、巴蜀、汉中之地。但楚国同秦国正在蜜月期，楚怀王没有接受孟尝君的建议。

秦国接二连三攻打韩国与魏国后，韩、魏两国向齐国寻求结盟。韩国和魏国与齐国接壤，便于抱团取暖，孟尝君非常乐意同韩国与魏国结成同盟，共同对付秦国与楚国。

楚国原为合纵国纵约长，现在居然同秦国结盟，是背叛合纵国的行为。孟尝君便同魏国、韩国一起，以楚国叛盟为由向楚国展开进攻。

齐国想要削弱楚国的大国地位，魏国与韩国想要攻占楚国的土地，以此来弥补他们被秦国攻占的土地，这几个国家都有自己的愿景，怀着“人人为我，我为人人”的精神群殴楚国。

楚国双拳难敌四手，渐渐不支，于是紧急向秦国求助，并且派楚太子横到秦国去做人质。秦国收下楚国的人质后，马上派兵援楚。这一招儿果然管用，齐、魏、韩三国军队还没有同秦国军队相接触，听说秦军来救楚国，就赶紧收兵撤退了。

齐、魏、韩三国对秦楚两国联盟关系本已感到心灰意懒，不知如何才能拆散看似牢不可破的秦楚联盟。偏偏在此时，在秦国做人质的楚国太子横，发生了一场意外。太子横与秦国一位大臣发生私斗，在私斗中太子横杀死了秦国大臣，太子横畏罪，从秦国跑回了楚国。

这一下惹恼了秦国，自商鞅变法起秦国本已明令禁止私斗，更何况是一个身为人质的外国太子在私斗中杀死了本国大臣。而太子横在杀人之后居然畏罪潜逃，私自逃回了本国。秦国对太子横的行为非常不满，希望楚国送回太子横，要太子横在秦国接受惩罚。楚怀王爱子心切，怎会将太子送入虎口之中，索性对秦国置之不理了。

秦楚两国同盟因此出现了重大的裂痕。孟尝君看到这个机会，派出使者到楚国劝说楚怀王，放弃秦楚联盟，转而同齐国联盟共同讨伐秦国。

齐国看似是在离间楚国同秦国的关系，而这并非孟尝君真实的目的。孟尝君的真正想法是让楚怀王以为齐国迫切希望同楚国同盟，进而放松对齐国的警惕。孟尝君实际上在酝酿着更大的伐楚计划。

公元前301年，齐国将军匡章、魏国将军公孙喜、韩国将军暴鸢率领三国军队组成联军，突然向楚国的方城（今河南叶县）方向发起进攻。

而秦国因对楚怀王及太子横抱有怨恨，不但对三国讨伐盟友楚国置之不理，而且也派兵去讨伐楚国，楚国一下子成了众矢之的。

当然，秦军此次讨伐楚国只是打秋风而已，并不会同其他三国军队联合。楚怀王派昭雎率军抗秦，双方陈兵对峙，但并没有发生激烈冲突。楚国主要的抵抗方向还是以齐国为首的三国联军。

楚怀王派将军唐昧率军迎战三国联军。双方在今天的河南唐河、泌阳一带，沿唐河两岸对峙。三国军队远道而来，不知唐河水的深浅，不敢贸然渡河。远在临淄的齐王有些按捺不住，他派使者到前线催促匡章尽快渡河。

匡章对使者说："免除我的职务，杀死我的全家，大王可以做到。但是让身在前线的我在战机不成熟的时候强行出击，大王是做不到的。"于是双方对峙长达六个月之久。

匡章派军队去试探唐河水的深浅，对岸的楚军便向河中放箭，使三国联军不得入河。正当三国联军焦急之时，匡章充分地联系群众，发动群众，依靠群众，向常年居住在唐河岸边的群众打听唐河水势深浅。一位砍柴的樵夫为三国军队指点了迷津。

樵夫说："楚军其实已经告诉了你们哪里河水深，哪里河水浅。"匡章有些不解，樵夫解释道："楚军防守薄弱的地方，河水一定深。楚军派重兵重点防守的地方，河水一定浅。"

一句话点醒梦中人。匡章马上率领三国联军在楚军重点防御的河段强渡唐河，并在垂沙（今河南唐河县西）大败楚军，楚军被杀两万余人，将军唐昧战死。三国联军乘胜攻陷了今河南南阳、叶县以北的大片土地。

扣押一个国王

垂沙之战是齐国主导的联合弱国针对强国的一次重大军事胜利。这场胜利不但大大削弱了楚国，也把秦国吓得不轻。秦国害怕三国联军击败楚国后，将矛头指向秦国，于是赶紧派泾阳君去齐国做人质，以示同齐国友好。

稳定住齐国后，秦国准备趁楚国虚弱之际，也在楚国身上占一些便宜。在垂沙之战后的第二年，宣太后与秦昭王派华阳君芈戎率军伐楚，并在新城（今河南襄城）大破楚军，阵斩楚国大将景缺。

楚国连年丧师丧地，已经疲惫不堪，楚怀王只得将太子横送到齐国做人质，以此换取齐国不要再联合魏国与韩国进攻自己，并希望齐国能够出面调停楚国与秦国的关系。

屋漏偏逢连夜雨。就在楚国对外屡遭败绩之时，楚国内部又爆发了庄蹻领导的大规模兵变和起义。

相关学者根据庄蹻姓氏分析，推测出庄蹻有可能是楚庄王后代，楚国的王室贵族。他的起义应该并非想推翻楚国，而只是不满于楚怀王近年来的昏庸失策，希望挽救楚国的没落。

关于这场起义的具体内容已经不得而知，目前只知道这场起义使楚国国内产生巨大动乱，险些使楚国分裂成三四个部分。

庄蹻后来再次归顺了楚国，并成为楚国的将军，率领楚军攻取巴郡和黔中郡一带，并向西南进入今天的云南境内，进驻到滇池附近。

因秦国攻打楚国，庄蹻回国的路线被切断。庄蹻所幸在云南称王，建立滇国，定都今天的昆明市。庄蹻也成为第一代滇王，同时也是中国开发西南边疆的第一个重要历史人物。

滇国一直持续了一百多年，即使秦始皇统一中国后，滇国仍然独立存在，直到汉武帝时期，末代滇王才投降汉朝。汉武帝在滇设立郡县，正式将云南纳入版图。

庄蹻起义致使楚国大乱后，秦国再次趁乱出兵讨伐楚国，并夺取了楚国的八个城邑。

如今的楚国已暂时没有了还手之力，秦国看到这个局面，就采取软硬兼施的手段，想让楚国彻底屈服。秦国派出使者，以秦昭王的口吻向楚怀王递交了一份国书，国书中说：

“昔日秦王与楚王结为兄弟，楚国派太子到秦国做人质，两国关系十分融洽。而不料楚国太子私自杀死了我国的大臣，竟然不道歉就不告而别了，确实使我非常愤怒，因而我屡次派兵侵占楚国的边境。

“今天我听说楚王您让太子到齐国去做人质，希望与齐国和解，窃以为这并非上策。楚国与秦国山川接壤，本来两国又有姻亲之好，曾经长时间的相亲友善。如果你我两国不能和睦，相互攻杀，就无法向其他诸侯发号施令。我有一个不情之请，冒昧地告诉您：我希望与您在武关相会，并订立盟约，重现两国往日的友好局面。这是我的愿望，希望您能够答应。”

在得到这份国书之后，楚怀王陷入了两难的境地。他自然希望同秦王会盟，以便使楚国脱离目前尴尬艰难的处境。但是秦国素来无信无义，楚怀王很担心赴约后被秦国欺骗。但若是不去赴会，必然使秦国找到再次攻打楚国的口实，何去何从，楚怀王与几位大臣商议。

大臣昭睢和屈原力主楚怀王不要赴会：“秦国乃是虎狼之国，素无信义可言，又有并吞中国的野心，大王万万不可自入虎口，当今之计应与齐国联合，与秦国彻底绝交，并加派军队巩固边防，使秦国不敢轻易进攻。”

但楚怀王的小儿子子兰却力主楚怀王赴会：“楚国如今处境艰难，正因为秦国是虎狼之国，我们才不能断绝同秦国的友好。”

不得不说子兰的提议有一定的私心在里面，如今太子横在齐国为人质，一旦楚怀王到武关同秦国结盟不能回来，齐国是否会送还太子，让其回国继位还在两说之间。或许齐国会以太子横要挟楚国，那么子兰就有可能趁乱继承楚王之位。

楚怀王思来想去，他还是没有同秦国彻底决绝的勇气，宁愿冒险去与秦昭王会盟，也不愿同秦国兵戎相见。当然，在楚怀王看来，与秦昭王会盟的危险性并不大，毕竟此前还没有发生过在会盟现场劫持一国国君的事情。

就这样，楚怀王离开郢都前往武关。在武关的会盟现场，楚怀王见到了“秦昭王”。然而令楚怀王万万没想到的是，这位秦昭王居然是秦国一位将军假扮的。秦国早已在武关设置了重兵，楚怀王一进入武关，秦国就将关口封锁，并挟持了楚怀王，将他押到了秦都咸阳。

此时，楚怀王似乎仍然认为秦国会同他结盟，只是将结盟的地点改为咸阳，因而楚怀王并没有发作。直到到了咸阳后，真正的秦昭王在章台“召见”了楚怀王。

注意是“召见”。秦昭王根本没有将楚怀王作为平等的大国元首看待，而是用对待附属国臣子的礼节同楚怀王见面。

到此时，楚怀王才知道秦国的用意。他勃然大怒，一来愤怒秦昭王使出如此卑劣的手段欺骗自己；二来愤怒自己没有听从昭睢与屈原的劝告。然而一切为之已晚，秦昭王要求楚怀王割让巫郡、黔中郡的土地给秦国，才会释放楚怀王。

此时的楚怀王已经完全不再信任秦昭王，反而因此表现出一丝舍己为国、宁死不屈的勇气。他断然拒绝了以楚国国土换取自身自由。秦国见要挟不成，就将楚怀王强行留在了咸阳。做了三十年楚王的楚怀王，居然在秦国做起了俘虏。

招魂·国殇

楚怀王被秦国扣留的消息传回郢都，楚国上下一片大乱。

楚国群臣在一起商议：如今大王被扣留在秦国，秦国以此来要挟希望得到楚国的土地，而太子又被扣留在齐国，如果秦国与齐国联合，那么楚国灭亡指日可待了。当今之计应如何是好？

有的大臣认为，应当马上立一位楚国公子为国君，比如子兰，这样在秦国的大王与在齐国的太子就都失去了价值，或许秦国与齐国还会将他们释放回国。

但是昭雎不同意这样的主张。他认为："如今太子在齐国为人质，按照惯例，如果楚国国内无王，齐国就应释放太子回国即位。我们还没有同齐国通报此事，就擅自放弃太子而另立其他的公子为国君，这显然是不合适的，容易使齐国以此为借口攻打楚国。"

昭雎的观点得到了大多数楚国大臣的认可与支持。楚国马上派出使者到齐国，谎称楚怀王已经去世，希望齐国立刻释放太子横回国即位。

面对这一突变的局势，齐国君臣也展开了讨论。齐湣王对孟尝君说："如今楚国既无国王又无太子，他们迫切需要太子横回国即位，我们不能白白释放他，不如趁此机会扣留太子横，让楚国拿淮河以北的土地同我们交换。"

孟尝君摇了摇头："秦国扣留了楚王，希望楚国用巫郡与黔中郡来交换，巫郡与黔中郡是荒凉之地，而秦国扣留的又是楚国的国君，楚国都不肯交换。那么楚国淮北的土地是楚国富饶的地方，我们扣留的仅仅是一个太子，楚国会拿淮北同我们交换吗？一旦将楚国逼迫得太急了，楚国就会立其他公子为楚王。那样我们手上的太子就失去了价值，我们齐国又在诸侯中得到了不义的名声。这样实在是得不偿失啊。"

齐湣王点点头，觉得孟尝君说得很有道理。

但是此时又有其他大臣提出了反对意见："楚国如果另立了其他公子为楚王，我们就可以再同新任楚王做交换。如果楚王将淮北的土地割让给我们，我们就将太子横杀死。否则我们就同魏国、韩国一同拥立太子横为楚王。我们簇拥着太子横去攻打淮北，这样淮北不照样是我们的吗？"

齐湣王经过反复思考，最终没有采纳这一建议。而是根据孟尝君的主张，护送太子横回楚国继承楚王之位，太子横就是楚顷襄王。

楚顷襄王继位后，楚国派使者出使秦国告知秦昭王："赖祖宗保佑，楚国的社稷又有新王了。"

秦昭王得知这一消息恼羞成怒，自己背上不义的骂名扣留楚怀王，就想要挟楚国得到巫郡、黔中郡的土地。没想到不但楚怀王不为所动，楚国内的大臣也不为所动，居然在齐国请回了太子横继位。齐国不费吹灰之力就得到了拥立楚国新王的政治声誉。反观秦国却是挨骂又没捞到好处。这无疑使秦国在与齐国的东西抗衡中输了一筹。

秦昭王哪能咽下这口气，得不到的地盘就去抢，秦国马上派兵出武关攻打楚国。楚国近年来内忧外困不断，楚军人心不稳士气低落，哪里是秦军的对手，几仗下来连失十多座城池，被歼灭五万余人。

算上这次大败，自秦楚丹阳之战起，楚国已经连败于秦国不下五六次，损失兵力在二十万人上下，大量的楚国子弟横尸沙场，使楚国上下十几年来一直沉溺在一种悲痛哀婉的气氛中。这也促使楚国的大诗人屈原为楚国的战亡将士写了一首不朽的楚辞名篇《国殇》：

操吴戈兮被犀甲，车错毂兮短兵接。
旌蔽日兮敌若云，矢交坠兮士争先。
凌余阵兮躐余行，左骖殪兮右刃伤。
霾两轮兮絷四马，援玉枹兮击鸣鼓。
天时怼兮威灵怒，严杀尽兮弃原野。

出不入兮往不反，平原忽兮路超远。

带长剑兮挟秦弓，首身离兮心不惩。

诚既勇兮又以武，终刚强兮不可凌。

身既死兮神以灵，子魂魄兮为鬼雄。

诗歌的大意是：

手持着吴国锻造的矛戈，身披着犀牛皮制作的铠甲，

我军与敌军的战车交错时短兵相接。

旌旗铺天盖地遮蔽了日月，敌军如云一样涌来，

战士们不避矢石个个奋勇争先。

敌军攻入了我们的军阵，

左边的马匹死去，右边的马匹也身受刀伤。

兵车的两轮深深陷入土地，绊住了四匹战马，

主帅举起鼓槌猛击战鼓，仍然在指挥冲杀。

这一仗杀得天昏地暗，连神灵都愤怒了，

全军将士为国捐躯在茫茫的荒野之上。

为国而死的勇士们啊，你们一去不复返，

平原的路啊迷茫而遥远。

你们佩带着长剑，握着强弓在沙场上征战，

虽然身首分离雄心却永不泯灭。

勇敢顽强而又英武的壮士啊，

始终是刚强坚毅不可凌辱的人。

虽然为国捐躯但终究英灵不泯永垂不朽，

你们的魂魄是刚毅的，纵使为鬼也是鬼中之雄。

国殇是指为国家死难的人。古代将不足二十岁而夭折的人称为“殇”，死去后没有收敛尸体也没有进行葬礼的无主之鬼也称为“殇”。那些战死

的楚军将士都是二十岁左右的年轻人，他们横死于疆场之上暴尸荒野，因为战争的失败，也不会有人为他们收敛尸体进行葬礼和祭祀。迷信鬼神的楚人认为他们成了飘荡在荒山野岭之间的孤魂野鬼，屈原对此深悲而极痛，因此创作了这一作品。

楚怀王在被囚禁的第二年，趁着一个机会逃跑了。但是因为秦国近年来一直同楚国作战，通往楚国的道路沿途有重兵把守。而秦国同赵国比较友好，秦赵边境守军不多。楚怀王无法直接逃归楚国，只好越过秦国与赵国的边境逃到赵国。

此时赵武灵王已让位给儿子赵惠文王，一心研究军事变革。刚刚继位的赵惠文王拒绝收留楚怀王。楚怀王只好离开赵国逃奔魏国，在去往魏国的路上楚怀王被秦兵捉到，又被押回了秦国。

经过这一意外，秦国对楚怀王的看守更加严格了。楚怀王自感到今生再也无望回到故土，在绝望中一病不起，一年之后便离开了人世。

秦昭王见楚怀王已死，就将其装进棺材送归楚国。听说楚怀王客死异乡，灵柩才回到了楚国，楚人非常悲愤，都像哀怜自己的父母兄弟一样，哀怜楚怀王。

屈原在此时根据楚国的习俗写了一首《招魂》，作为楚怀王的祭歌，希望能召唤楚怀王的魂魄回归祖国，永远安宁。

皋兰被径兮，斯路渐。

湛湛江水兮，上有枫。

目极千里兮，伤春心。

魂兮归来，哀江南！

曾经雄霸南中国，无比强大的楚国，就在这样的祭歌挽曲中，逐渐衰落了……

国王做奸细

楚怀王逃到赵国的时候，年轻的赵惠文王没敢收留楚怀王。《史记》上讲，赵惠文王年幼，胆小怕事，因而不敢收留楚怀王。事实真是如此吗？

早在赵武灵王仍在位时，他就将赵国腹地的中山国和北方的胡人作为赵国的主攻方向，对中原诸侯间的战乱，赵国尽量保持中立。

像我们先前讲到的齐魏韩三国攻打楚国的垂沙之战，秦国先后两次攻楚之战，以及还未讲到的齐魏韩三国攻秦之战，齐魏韩三国伐燕之战，赵国都尽量避免使自己卷入其中。

在秦国与楚国组成联盟与齐魏韩三国联盟对峙的时候，赵国内部有的大臣如楼缓就认为应与秦楚联盟，有的大臣如司马浅则认为应与齐魏韩联盟，赵武灵王对双方的意见都没有采纳，始终保持中立。

虽然保持中立，但赵武灵王不是不问世事，他频繁派出使节到秦国、楚国、齐国、韩国、魏国等国家开展外交活动，刷赵国的存在感，笼络各国的人心，使诸侯国知道赵国既强大又仁义。

在楚怀王被骗入秦之后，赵武灵王还派出部队，加强韩赵魏三国西部边界的守备，以示三晋国家团结一致。他还想方设法激化秦国与楚国的矛盾，让秦国与楚国的注意力都瞄准对方，而使韩赵魏三国尽量远离战火。

在这种情况下，楚怀王逃脱秦国的监视，越境来到赵国，赵国如果收留楚怀王，将成为烫手的山芋。

秦国必然向赵国索要楚怀王，如果赵国将楚怀王交给秦国，一定会得罪楚国，无疑将楚国的战火燃到赵国的国土。如果赵国将楚怀王还给楚国，一定会得罪秦国，无疑将秦国的祸水引到自己身上。当然，如果赵国收留楚怀王，既不归还给楚国，也不引渡给秦国，那赵国将同时得罪秦楚两国。

无论哪种情况发生，赵国都会至少得罪一个大国进而卷入战乱。这是严重违背赵武灵王一贯坚持的中立立场的。

另外，当时楚顷襄王已经即位，即使赵国将楚怀王恭恭敬敬地归还给楚国，那么恐怕也不会让楚顷襄王满意。不管在表面上表现得如何，楚顷襄王的内心中不一定希望自己的父王回国。既得罪了秦国，又不会让楚国满意，这种费力不讨好的事情，赵国为什么要做呢？

可以想见，即使当时主政的并非年轻的赵惠文王，而是老辣的赵武灵王，赵国也不会收留楚怀王。

那么，赵武灵王当时还健在，他在做什么呢？为什么要将王位禅让给赵惠文王呢？

赵武灵王的原配夫人为韩国公主，为赵武灵王生下一个儿子，取名赵章。按照礼制，赵章被立为太子。但是赵章的母亲不久之后就去世了。

在赵武灵王在位第十六年的时候，赵武灵王梦到一位美丽的少女对自己鼓琴而歌。赵武灵王在第二天的宴会上，将这个奇怪的梦说与了臣下听。本是说者无心，没想到听者有意。大臣吴广对赵武灵王说："大王所描绘的这位女子，像极了我的女儿。"赵武灵王非常好奇，就召见了吴广的女儿吴娃。

吴娃果然和梦中少女的面貌依稀仿佛，赵武灵王一见倾心，就将吴娃立为继室。后来吴娃为赵武灵王生下儿子赵何。

赵武灵王与吴娃的感情非常好。但令人没想到的是，吴娃寿命也不长，不久便身染重病奄奄一息。在弥留之际，吴娃向赵武灵王说出了最后一个请求，希望赵武灵王能立自己的儿子赵何为太子。赵武灵王含泪答应了她的请求。在吴娃去世后，赵武灵王废掉太子赵章，改立赵何为太子。

赵武灵王仁义睿智，在领导国家复兴富强的方面几乎无懈可击，但是偏偏在处理家务事上屡屡犯下致命错误。在那个君主即代表国家的年代，在家事上犯错就是在国事上犯错。

太子赵章本无过失，废长立幼是取乱之道，相信赵武灵王不会不知道其中所隐含的祸患与危险。但赵武灵王太过于自信，他相信自己有能力化解自己与儿子以及两个儿子之间的矛盾，仅仅是需要时间而已。

此后，赵武灵王一心想从北方地带南下攻打秦国，他认为处理国事过于消耗他的精力，不利于他全身心地投入武力对外扩张。他经常领兵在外，一年少有时间在国都邯郸，也不利于处理国家政务。于是在做了二十七年赵王之后，公元前 299 年，赵武灵王将王位禅让给太子赵何，任命重臣肥义为国相兼任赵何的师傅，辅佐赵何处理国家政务。赵何即赵惠文王。赵武灵王则自称为主父（主父是一个类似于后世太上皇的称呼）主抓军事。

在让出王位之后，赵主父对自己的安危更加置之度外。为了一探秦国的底细，他居然乔装改扮，潜入了秦国，甚至面对面戏耍了宣太后与秦昭王。

赵主父利用自己拥立秦昭王的政治影响，以及赵国在秦国北境的军事压制，向秦国朝廷传达出信号，希望由赵国的楼缓入秦为秦国丞相。

楼缓是赵主父的心腹爱臣，当年赵主父初步设想胡服骑射之时，楼缓与肥义就是两位最先支持这一构想的大臣。根据楼缓的姓氏，他很可能出身于北方的楼烦族，这也许是他支持胡服骑射的原因。

秦国通过再三考量，被迫接受了赵主父的提议，允许楼缓入秦。赵主父居然扮作了楼缓的随从，跟随楼缓的队伍进入秦国境内。沿途上，赵武灵王注意考察秦国的山川风貌，风土民俗，为将来率兵攻秦做好准备。

到达咸阳后，楼缓即将成为秦国丞相，因而主动或被动会见了许多秦国大臣。在各种会见场合，赵主父都站在楼缓身侧，暗暗观察每位秦国大臣的容貌气质言谈举止，对秦国大臣的整体素质有了一个初步的把握。由于秦国大臣都没有见过赵主父，所以他们谁也没注意楼缓身后的随从。

武灵遗恨满沙丘

赵主父做奸细做得不亦乐乎，在前面摆样子的楼缓却每日如坐针毡。秦国毕竟是虎狼之国，万一被秦人发现，赵主父必然有来无回。楚怀王惨痛的教训就摆在眼前。赵主父不但丝毫没有要走的意思，反而提出了更加危险的要求。

他要亲眼见一见宣太后与秦昭王。

秦昭王虽然是赵主父所拥立，但当时赵主父直接派人将其从燕国接回了秦国，秦昭王与赵主父并未谋面。虽然楼缓心中十分担忧，但对赵主父的命令又不敢违抗，只得求见宣太后与秦昭王，并带领赵主父进入秦宫。

宣太后与秦昭王果然不同于那些秦国大臣，他们发现楼缓身后有一个高大的随从，气度举止和其随从的地位完全不相匹配。宣太后与秦昭王各自心中都产生了疑虑，认为这位赵国的随从绝非等闲之辈。

等到楼缓众人告退之后，宣太后母子才相互说出了心中的疑虑，他们越想越不对劲，马上派人宣楼缓与他的随从再次入宫。

通过这次接触，赵主父也已经察觉出自己的身份可能有暴露的危险，出宫之后飞马离开咸阳。一路上不敢耽搁，策马出关，离开了秦国国境。

待到宣太后派出的使者追到秦国边关，守关人报告称赵国的使者刚刚离去不久。后来经多方打探，才知道这位使者就是名满天下的赵主父。

宣太后母子为之大惊。一来没想到作为实力最强劲的对手赵国的君主居然敢于亲自进入敌国国境刺探情报。这是何等胆识，又是何等地不将秦国放在眼中。二来赵主父既然如此冒险来查探秦国的情况，他一定是在为率军攻打秦国做准备。也许秦赵之间的一场大战即将爆发。而秦国此时根本没有准备也没有力量抵御赵国的进攻。

此两点，有哪一点不让宣太后与秦昭王忧心揪心呢？

从秦国回来后，赵武灵王仍然专心统率赵国军队对外作战。赵军在赵武灵王的率领下，对胡人和中山国的战争连战连捷，最终启动了灭亡中山国的决战。赵军以二十万众攻打中山国，经过五年的努力，将中山国灭亡，中山国方圆五百里的土地并入赵国。

在北方胡地，赵国打下了今山西与陕西西北部、内蒙古南部的广大地区，并在新攻占的广阔土地上设立了云中、雁门、代郡三个郡。同时赵主父还在国土的最北端修筑了一条赵长城，以此抵御草原上胡人的南侵。赵长城也成为将来秦始皇修建万里长城的基础之一。

在开拓了胡地以及消灭中山国之后，赵国就将南方邯郸与北方代地的国土完全连成一片，赵国对秦国北方边境的压制也更为迫切。

平灭中山国后，赵主父论功行赏，大赦天下，主持了盛大的宴会，赵国君臣痛饮五天。废太子赵章在讨伐中山国的战争中立有大功，加之赵主父见赵章在被废之后，没有任何怨言，心中颇为内疚，于是就将赵章封为安阳君，将代郡划拨给赵章为封地，并让一位名叫田不礼的大臣辅佐赵章。

主父加封赵章为安阳君的行为，不在礼法之中，赵惠文王虽然不满也默认了这一封赐。倒是大臣李兑对国相肥义说："赵章正值盛年，党羽颇多，恐怕不会安心做一个安阳君。田不礼为人傲慢残忍，让他来辅佐赵章，无异于火上浇油，怕不久就会发生变乱，丞相要多加留意。"

肥义对赵章也开始留心。赵惠文王继位的第四年，群臣来邯郸朝贺。赵主父让赵惠文王主持。他在一旁默默观察皇室贵族与群臣的礼仪。他看到高大魁梧的长子赵章跪在弟弟赵惠文王面前磕头称臣，心中颇不是滋味。

想到赵章做太子时并无半点过错，只因自己一时对吴娃感情用事，便废长立幼，剥夺了赵章的王位继承权。如今吴娃已死去多年，赵主父对她的感情逐渐淡漠，理性渐渐战胜了感性。赵主父深感当年做法有失公允。但是木已成舟，又如何能够补救呢？

赵主父最后想到了一个“两全其美”的办法，他想将赵国一分为二，将新占领的中山国和胡人的土地，划分给赵章成立一个代国，由赵章做代王。

平心而论，为政者最忌妇人之仁。当年赵主父废长立幼，已经铸成大错，如今想要将赵国一分为二，并立赵章为代王，看似是对曾经大错的补救，实际上却是错上加错。既然赵章已经成为牺牲品，就只能让他继续牺牲下去，否则就会有更多的人成为牺牲品。这是政治的残酷性，也是政治的辩证法。

当时的中国处于由分裂走向统一的关键时刻，各国都在绞尽脑汁扩大地域，而赵主父却逆历史而动，要分裂刚刚兴盛起来的赵国，自然受到了赵惠文王和大多数大臣的抵制。

赵主父见无法通过正常手段达到诉求，就准备用非常手段实现。

他以勘察墓地为名摆驾沙丘行宫，要求赵惠文王与安阳君陪同前往。在沙丘行宫，安阳君赵章与田不礼在赵主父的漠视下发动了政变，丞相肥义被杀，但是叛乱者却没有能够及时控制住赵惠文王。

赵惠文王传旨李兑与德高望重的公子成速来勤王，最终赵惠文王一方反杀安阳君赵章。他们害怕赵主父怪罪，索性将赵主父居住的宫苑团团围住，让宫中除赵主父之外的所有人全部出来，而他们既不敢进去抓捕赵主父，又不肯放赵主父出来。

就这样赵主父一个人孤零零地被困沙丘宫中长达三个月之久。宫中粮食早已吃尽，赵主父只能掏鸟窝食幼雀维持生命。最终，叱咤风云的赵主父居然被自己的臣下活活饿死。不知在生命即将消逝之际，赵主父面对自己一生的功过成败，有何感想？

在确认赵主父死亡之后，李兑与公子成众人才敢入宫，为赵主父收敛尸体。赵惠文王闻讯后大哭，为自己的父亲体面地发丧。赵惠文王的眼泪中一定夹杂着多种成分，不知是苦，是涩还是甜。

沙丘行宫在今天的河北省邢台市广宗县的大平台村南。据传始建于商纣王时，纣王曾在此处建立肉林酒池，终日宴饮无度。在赵主父被饿死八十五年后，横扫六合的秦始皇同样死在沙丘行宫。沙丘宫也被称为千古困龙之地，成为文人墨客吊古思今、感慨兴亡的圣地。清人曾有一首七律《沙丘宫怀古》，说尽那一抔沙土：

闲来凭吊数春秋，阅尽沧桑土一抔。
本籍兵争百战得，却同瓦解片时休。
祖龙霸业车申恨，主父雄心宫里愁。
唯有朦胧沙上月，至今犹自照荒丘！

第六章 西帝

齐燕之争

武灵遗恨满沙丘，

赵氏英明于此休。

年来月去春寂寞，

故宫雀鼠尚含羞。

赵主父被活活饿死在沙丘宫后，赵国的霸业实际上已经付之东流。赵惠文王对于自己王位的稳固已经非常满意，不思向外扩张进取，更不可能再执行赵主父正在酝酿中的南下攻秦计划。

赵国国政被沙丘宫政变中立下大功的李兑与公子成把持。李兑得意于到手的荣华富贵，更是不思进取。而公子成原本就是个保守派，甚至对

“胡服骑射”始终抱有偏见，更不可能锐意进取。

这一伙守成派保守党盘踞在赵国统治高层，刚刚还英姿勃发、日新月异的赵国政坛，转瞬间变得暮霭沉沉，死寂一片。秦国的政客们畏首畏尾，噤若寒蝉，固守着赵主父留下的江山社稷，得过且过。

此时，能够真正与秦国分庭抗礼的，只剩下了齐国。

齐国在赵主父去世前数年，就在孟尝君的率领下，扛起了反秦盟主的旗帜。公元前 298 年，齐军会同韩国与魏国的军队，浩浩荡荡向秦国杀来。这场三国联合攻秦的战争前后持续了三年，在公元前 296 年，三国联军居然突破了秦国的函谷关要塞，攻入了秦国本土，兵锋直指咸阳。

这是诸侯国合纵以来从未有过的大胜利。宣太后与秦昭王有些不知所措，他们打算将秦国近年来占据的黄河以东的土地割让给三国，以此换取三国退兵。

秦昭王准备让公子池前去议和，他询问公子池，割地求和是否合适。公子池回答道：“割地与不割地都不合适。”

秦昭王忙问其故，公子池解释说：“如果割地求和，恐怕大王会心疼多年来攻取的土地又拱手送人，觉得心有不甘。若不割地求和，等到三国联军攻打咸阳，大王又后悔当断不断，没有舍小利而顾大局。”

秦昭王明白了公子池的意思，点点头说道：“寡人宁可因丢掉河东的土地而后悔，也不希望因丢掉咸阳而后悔。”他下定了决心，命令公子池速速前去与三国讲和。

经过谈判，秦国将封陵还给了魏国，将武遂归还给了韩国，将齐城送给了齐国。三国联军这才退出函谷关。

这次三国联军合纵伐秦，是很有可能对秦国造成重大威胁的。然而他们却小富即安、见好就收，在收到几座城池之后就欣然退出了函谷关。要知道机不可失失不再来，以后各诸侯国再想寻找这样的机会攻到秦国腹地，就不太容易了。

在三国联军中，齐国处于主导地位，不单此次，即使上次三国联军攻伐楚国，在垂沙一战取得大胜，齐国同样处于主导地位。但是齐国的执政者孟尝君却渐渐觉得有些不是滋味。齐国领导韩、魏两国取得这么多的胜利，齐国却没有从中得到多少实惠。

上一次三国联军攻陷了楚国大片土地，这些土地都与魏国、韩国接壤，并不与齐国接壤，齐国实际上并没分得多少好处。此次联合攻秦，齐国虽然得到了齐城，但是与韩国、魏国相比，当然是付出多回报少。

孟尝君陷入深深的思索。出现这一状况的根本原因，是自己一直以来所奉行的“近交远攻”政策。齐国所攻打的敌人都远离齐国，攻陷的土地都被盟国韩国、魏国瓜分了去。齐国即使能够得到一些土地，也不能将这些土地融入齐国本土。因而这些土地很难防守，往往稍不留神就被其他国家攻去。

齐国虽然付出了沉重的代价，到头来难免竹篮打水一场空。怎么办？只能改变策略，不再与楚国、秦国为敌，转而攻打附近的国家，这样就能将占领的土地划归齐国所有。魏国与韩国虽与齐国接壤，但都是齐国的盟国，自然不能随意撕破脸皮。赵国又比较强大，不容易对付。那么去攻打北方的燕国，成了上佳的选择。

早在公元前 314 年，齐国就曾大破燕国，对燕作战齐国是有心理优势的。于是在刚刚退出函谷关之后，齐国就带领着韩国与魏国两位小兄弟转而北上攻打燕国。

燕国本身就很弱小，多年来又没经受过生死大战的洗礼，而三国联军攻楚攻秦都能取得大胜，实力远远在燕国军队之上。两军一接触，燕军便告失利。燕国十万大军被三国联军击破。燕国北方的东胡族又趁火打劫，攻占燕国大片土地。

腹背受敌的燕国苦不堪言。而燕国向来与秦国关系不错，秦昭王又曾长期在燕国为人质，受到燕国优待，当年若不是燕国放行，秦昭王也不可能顺利回国即位。最重要的是秦国不想看到齐国国势太盛。所以秦国想去救援燕国。

但秦国刚刚被三国联军打得割地求和，也没有能力去救援燕国。找谁帮忙呢？楚国远在南方，况且因楚怀王客死秦国，楚国早已同秦国绝交，秦国也不可能求楚国去救燕国。放眼天下，能救燕国者仅有赵国。

秦昭王就派舅父魏冉出使赵国，希望劝说赵惠文王能在关键时刻拉扯燕国一把。三国联军自然不希望赵国倒向燕国一边，孟尝君便派魏处为使者到赵国游说，希望赵国能够保持中立。

魏处见到了近年来在赵国风头正劲的李兑，对他说:“如果赵国帮助燕国，齐国必然同燕国讲和，然后转而全力同赵国作战。赵国何必为燕国引火上身呢？不如赵国按兵不动，在齐国将燕国消耗得差不多时，赵国还能趁机攫取土地。”李兑认为魏处说得很有道理。于是赵国坐山观虎斗，没有搅到战局中来。

燕国见秦国无法来救他，赵国不想来救他，只能又转而去求助楚国。楚国正好想趁齐、魏、韩三国在北方攻打燕国之际，在南面偷袭这三个国家，就答应了燕国出兵救援的请求。

楚国出兵后，齐、魏、韩三国已处于腹背受敌的劣势，只好放弃攻打燕国转而对付楚国。楚国见救援燕国的目的已经达到，三国联军又气势汹汹奔自己而来，也就没有再做纠缠，稍一接触便撤军了。

在撤军时，楚国还要了一个小伎俩。楚军将领景阳经常派使者到魏军营地去。齐军以为魏军在同楚军讲和，害怕魏军反水，联合楚军攻打自己，居然先行撤兵了。魏军一看盟友已撤，也只好撤兵了。

就这样楚军毫无损失地脱离了战场。由此也可以看出，齐国同他的盟友同盟关系并不牢靠，相互之间都有颇多的疑虑和防范，这也是接下来齐、魏、韩三国同盟居然被一个叫作苏秦的辩士以一张嘴就拆散了的原因。

扑朔迷离的苏秦

苏秦是周王畿洛阳人，是同张仪齐名的纵横家。张仪毕生致力于连横，而苏秦毕生致力于合纵。

历史上对苏秦的记载疑点颇多。究竟苏秦是与张仪同时代的人，还是比张仪晚出？苏秦在各国合纵活动中究竟起到了什么样的作用？直到今天仍然是众说纷纭。

过去两千多年来，西汉刘向编定的《战国策》和司马迁所撰写的《史记》一直是了解苏秦生平活动最重要的文献，但是近年来随着新出土资料的增多以及学术研究的深入，这一文献越来越受到质疑。当然时至今日仍有许多专家力挺《史记》的记载。我们权且以《史记》《战国策》为线索梳理一下苏秦的外交活动。

苏秦年少时曾到齐国求学，后来与张仪一同拜到鬼谷子门下。当然，这一点几乎不可能是历史真实，应仅仅是个传说而已。

苏秦学成之后，外出游历。最开始，苏秦也看中了蒸蒸日上的秦国，西入函谷关来到咸阳。他想了很多手段最终见到了秦惠文王。一见面，苏秦对秦惠文王猛夸了一顿：

“大王的秦国在西南有富饶的巴蜀与汉中，在南面则有巫山和黔中的屏障，北面紧挨着盛产战马的草原，东面则有天险崤山与函谷关，中间的关中土地肥沃、物产丰富、百姓安乐，这就是山河形胜的天府之国。秦国拥有战车万乘，将士百万，是天下一等的强国。以大王的贤德，士民的拥护，军队的勇猛，装备的精良，战法的纯熟，完全可以并吞诸侯一统天下称帝而治，希望大王多多留意。”

秦惠文王则觉得自己羽毛未成，想要称帝而治还是操之过急：“我听说羽毛不丰满则不能够高飞上天，法令不完备则不可以施行奖惩，道德不深厚则不可以驱使民众，现在我深感不足，感谢苏秦先生千里迢迢来到秦国的朝堂上教导我，我还是改日再听您的教诲吧。”秦惠文王说得很婉转，实际上是下了逐客令，不准备再召见苏秦。

苏秦费了很大力气才来到咸阳，不希望轻易放弃这样的机会。他在咸阳住了下来，多次向秦惠文王上书。苏秦的核心论点就是鼓动秦惠文王向各诸侯国发动战争：

在上古时代黄帝讨伐蚩尤，舜帝讨伐三苗，大禹讨伐共工，以及后来的商讨伐夏桀，周武王讨伐商纣，都是靠战争统一天下。即使是齐桓公称霸，也非得靠武力不可。而如今，天下则是辩士当道。那些纵横家游走于诸侯国之间，各个巧舌如簧，忽悠得君王如在五里雾中。说的人舌头都被磨破，听的人耳朵都长出了茧子，然而越是玩弄文辞，天下就越难安定。安坐在朝堂之上就想开疆扩土甚至一统天下，即使三皇五帝也是做不到的。倒不如备好盔甲，磨好刀枪，运用武力，在战场上一决雌雄。

然而秦惠文王始终没有同意苏秦的主张，也没有再接见苏秦。苏秦在咸阳逐渐困顿，身上的貂皮大衣也磨出了破洞，盘缠路费也逐渐花光。他穷困潦倒，连生活都成了问题，只好怏怏离开秦国，垂头丧气地返回洛阳。

再回到家乡时，他一身破烂的装束，穿着草鞋，背着书箱，又黑又瘦，面色无光。家里人一看他这个样子，就知道他游说诸侯毫无成果。妻子看到他都不下织机迎接，嫂子见到他也不张罗着做饭款待，甚至父母见到他都掉头不理，不肯同他交谈。不但如此，他的嫂子还对他冷嘲热讽：

“我们周国人的习俗是全力置办产业，或者从事工商实业，你却每日专门学些摇唇鼓舌的事，逞些口舌之快，能够成功吗？你看你现在穷困潦倒的样子，真是自作自受。”

苏秦一声长叹：“妻子不把我当作丈夫，嫂子不把我当作小叔，甚至父母都不把我当作儿子，都是我自己无能，咎由自取。”

苏秦觉得自己受了巨大的侮辱，但他却不怪罪家人。他知道天下人都是看重名利的，自己一事无成，亲人这样对待他也无可厚非。他只有牙关一咬，心一横，继续刻苦学习，遍览群书。

到了晚间，苏秦实在困倦疲惫，伏在案前昏昏欲睡。为了让自己清醒，苏秦随手准备了一只大铁锥，只要一困倦就扎自己的大腿，有时扎得狠了，甚至鲜血都顺着腿流到脚跟，留下了“锥刺股”的典故。

就这样，苏秦关起门来苦读了一年，觉得自己能力大涨，又可以去游说诸侯了。上次苏秦在秦国怂恿秦王并吞天下称帝而治未果，苏秦就对秦国怀恨在心，索性就去说服其他战国六雄，想让他们联合起来共同对付秦国。

他先后去了赵国、燕国、韩国、魏国、齐国和楚国，这六个国家的君主对苏秦的主张都心悦诚服，并都拜苏秦为相。苏秦一步登天，身佩六国相印。苏秦将六国的同盟书递交给秦国，秦国从此不敢出函谷关攻打其他国家，长达十五年之久。

苏秦衣锦还乡，连周天子都派人为他清扫道路，派朝廷大臣到郊外迎接。苏秦的家人更是趴在地上，匍匐着爬过来，脸贴着地面，不敢抬头看他。苏秦笑着对嫂子说：“家嫂为何以前如此傲慢而如今如此恭顺？”他的嫂子说话倒也诚恳：“因为小叔往日穷困，而如今显贵多财。”苏秦非常感慨：“同样是我苏秦这个人，富贵了家人便敬畏我，贫贱了家人便蔑视我。倘若当初我有洛阳二亩田，又怎能身佩六国相印？”

司马迁写苏秦极富小说笔法，更有励志鸡汤的内核，因而两千年来引起无数人的共鸣。看官愿意相信苏秦的故事是真的，也就相信苏秦的故事是真的。但是，这一励志故事很可能确实不是真的。

战国六雄没有一次达成过完全的合纵，秦国也从来没有长达十五年不出函谷关。倘若苏秦真的达到过身佩六国相印这样亘古未有的功业，在当时一定是一件极为震撼的事情。这一事件一定会被当时的文献频繁提及，但很遗憾，并没有。

白起出山

接下来苏秦的故事可能更符合历史真实。

公元前 314 年，齐宣王趁燕国内乱之际攻占了燕国国都，将燕国祭祀祖先的宗庙毁掉，将里面的青铜礼器悉数抢回齐国。这对于一个诸侯国来讲无异于奇耻大辱。更有甚者，燕王哙也被齐军杀死。

燕王哙的儿子继位之后，自然不能置国恨家仇于不顾，他知耻而后勇，发誓要击败齐国，雪耻报仇。但是燕国是弱国，齐国是强国，“雪耻报仇”说得轻巧，做起来谈何容易。为了使燕国强盛，燕昭王筑起一座黄金台，广招天下人才。要广纳天下贤才，使燕国强盛，灭齐报其仇。苏秦就在此时北上燕国，成为燕昭王的臣子。

公元前 308 年，苏秦来到燕国。燕昭王非常器重苏秦，亲自到郊外相迎，这使得苏秦非常感动，决心为燕昭王效命。当时以燕国的实力，无论如何都不可与齐国同日而语。苏秦便为燕昭王谋划，如何以弱燕战胜强齐。苏秦对燕昭王说：

“齐国向南打败了楚国，向西击败了秦国。这样的强国，即使五个燕国也不是对手。大王应首先派爱子或者弟弟到齐国去做人质，以此换取齐国对燕国的信任，如此一来齐国将对燕国不再防备。然后我到齐国去做臣子，在齐国内部分化瓦解它的力量，只有这样燕国才有可能取胜。”

苏秦到达齐国后，赶上齐国发生了贵族田甲劫持齐闵王的事件，孟尝君被认为是这一事件的主谋，因此孟尝君害怕遭到株连，逃到了魏国。因为孟尝君的离去，齐国的朝政中枢刚好空虚，苏秦来得正是时候，逐渐得到了齐闵王的信任。苏秦在齐国鼓励齐闵王攻伐宋国。

宋国是战国七雄外的一个拥有千乘兵车的中等国家。虽然军事实力有限，但宋国的经济非常发达。

宋国地处中原腹地，境内都是平原，是当时中国最肥沃的土地。宋国的陶邑是战国经济最发达的城邑之一。

消灭宋国一直是齐国的愿望，孟尝君做齐国国相时就致力于此，只是夙愿未能完成。齐闵王更是做梦都想将宋国并入齐国的领土。苏秦投其所好，极力怂恿齐国兼并宋国。

这样一来，一是齐国在攻伐宋国的战争中消耗元气；二是可以引起其他诸侯国对齐国兼并宋国的行为产生不满，从而拆散齐国同韩魏的同盟，使齐国成为众矢之的；三是可以让齐国对燕国放松注意力，缓解燕国与齐国边境的军事紧张。

苏秦对齐闵王说："大王要想成为当世的圣王，必须要诛暴正乱，攻伐那些无道不义的昏君，宋王就是其中一个。我听说宋王这个人残暴昏庸，他居然用箭来射天，用鞭子抽打地，甚至塑造了各诸侯国君主的塑像，放在厕所中，假装他们在侍奉自己。像这样无道且不义的君主，大王不去讨伐他，终不能成圣王之名。

"何况宋国是中原的膏腴之地，土地非常肥沃，又是齐国的邻国。而大王却舍近求远，去讨伐北方的燕国。微臣以为，即使得到燕国百里的土地，也不如得到宋国十里的土地。讨伐宋国，不但能得到仁义之名，还能得到实际利益，大王何乐而不为呢？"

在苏秦的怂恿下，齐闵王下定了灭亡宋国的决心。但齐国首先要做的不是出兵宋国，而是同秦国和解。

宋国是天下诸侯都垂涎的肥肉，没有一个诸侯国愿意除自己以外的其他人吃到。但除秦国以外的其他诸国，没有能力对抗齐国，齐国若去吃，他们即使不愿意，也只能眼巴巴看着。秦国就不同了，若齐国对宋国有所行动，秦国一定会出兵干涉。所以齐国必须要想办法稳住秦国。

此时的秦国也在想方设法对付齐国。

秦国对付齐国的办法另有一套。

孟尝君逃离齐国后，齐闵王又驱逐了一向对秦国不友好的大臣周最。

秦国看到了齐国想与秦国缓和的信号。如今齐国的相位正空，秦国所幸派自己的五大夫吕礼到齐国去做国相。

之后，秦国也罢免了楼缓的丞相之位，改任魏冉为丞相。这也很正常，如今赵主父已经去世，秦国已经没有必要再看赵国的脸色，楼缓的相位自然不保。

魏冉做秦国丞相后，马上向秦昭王举荐了一位秦国土生土长的将领：白起。此时的白起还是咸阳以西不远的郿县的一位名不见经传的少年，谁也没有想到他将来能够成长为战国四大名将之首，令各诸侯国谈之色变的人物。

秦国看出了齐国想要攻灭宋国的野心。对此秦国当然是表示反对，但又无可奈何。齐国势力强大，又远在东方，秦国对于齐国攻伐宋国鞭长莫及。

既然无法阻止，不如以默许齐国攻宋为条件，拆散齐国同魏国、韩国的联盟，使秦国能趁此机会在魏国、韩国身上得到一些油水。

而齐国一心想要攻伐宋国，齐闵王不愿意秦国干涉此事，也就只能牺牲魏国与韩国的利益，任由秦国去攻打魏、韩两个盟友。

令齐国始料不及的是，还没等齐国对宋国下手，秦国就抢先对韩、魏两国开刀了。

就在秦国人吕礼成为齐国国相的同一年（公元前 294 年），秦国以白起为将，率军攻伐韩国，占领了新城（今河南伊川西南）。韩国想要请求盟国齐国的帮助，但是齐国已经同秦国达成了默契，是不可能出兵援救韩国的。

魏国看到了韩国的危险，同时也看到了自己的危险。魏国愿与韩国弱弱联合抗强秦。第二年，韩国任命公孙喜为将，联合魏国将领犀武率领的魏国军队，以及一部分东周的军队共同对秦国进行反击。

伊阙之战

白起率领的秦军同韩、魏、周联军在伊阙对峙。伊阙即今河南省洛阳市区以南的龙门。这里两山相峙，如同天然的门阙分为左右，伊水在其间流过。

韩、魏两国的军队虽然同秦军对阵，但两国军队从心里害怕秦军，在战场上相互推诿，谁都不敢主动同秦军作战。

白起敏锐地观察到这一点，他在韩国阵前设立疑兵，假装要移动主力部队攻打韩军。韩军非常害怕，集中精锐在自己的阵前，做好应对巨大冲击的准备。

而魏国军队见此情形，不安的心稍稍有所放松。实际上白起对韩国军队只是佯攻而已，秦军主力已经在魏国军阵前集结。趁着魏军心里放松之际，白起突然命令秦军精锐向魏军阵地发起猛攻。

魏军准备不足，一击即溃。而韩国军队因自己阵前也有大量秦军，不明秦军的虚实，根本不敢抽出部队去救援魏军，眼睁睁看着魏军被击溃，魏国将领犀武被俘。

在收拾完魏军后，秦军才将主力向韩军移动。韩军见此情景，掉头就跑，秦军在后掩杀，韩军自然也是一败涂地，主将公孙喜被俘。

至于东周军队，更是不堪一击，见到秦军早就望风而逃了。白起乘胜追击连续攻占了五座城池。

伊阙一战，韩魏联军共损失达二十四万人之多。韩魏两国再也组织不起有效的防御。在此后的两年间，白起屡屡攻伐韩魏两国，迫使魏国不得不将河东四百里的土地割让给秦国，韩国将武遂周围二百里的土地割让给秦国。

不但如此，秦国还攻占了韩国最重要的城市宛城。宛城经济繁荣，人口众多，是手工业和商业中心，特别是冶铁业非常发达，是当时全国的冶铁中心。秦国得到宛城后，就可以在那里大量制造铁制农具和兵器，使秦国的科技实力有了一个大的提升。

过去秦国在与中原诸侯国的战争中屡有胜绩，开始是靠西北人的勇敢，后来则是靠商鞅变法之后的制度优越。自得到宛城之后，秦国的科技力量也不再逊色于各诸侯国，到秦始皇统一六国时，秦国的军事科技已经是天下第一了。

不久之后，魏冉与白起又共同率兵攻打魏国的河内，一次性占领了河内六十一座城邑。

齐国见秦国在西线连连得手，也加快了侵略宋国的步伐。

宋国经济发达，军事力量也曾一度强盛，“号称五千乘之劲宋”。曾经东伐齐，攻取五座城邑；南败楚国，扩地三百余里；西败魏军攻取二城，并灭了滕国，据有其地。

宋国末代君主宋康公长得仪表堂堂，而且天生神力，据称力能屈伸铁钩。这样的强人执掌劲宋，按说宋国不至于处于灭国的边缘。然而宋康公非常骄横，自大到丧心病狂的地步，甚至对天地鬼神都毫无畏惧之心。

宋康公曾用皮囊装满血液悬挂起来，对着皮囊射箭，称为射天，又用鞭子鞭打土地，称为笞地。他还到社稷坛上砍掉土神、谷神的神位将它们烧掉，并且狂妄地说：“我能用武力降服天下鬼神。”

宋康公对国内百姓也非常残忍，他要剖开驼背人的后背看个究竟，还要砍掉早晨过河人的双腿。他打仗的时候戴着一顶遮不住额头的头盔，以示勇敢不怕死，诸侯皆呼之为“桀宋”，认为他可与暴君桀王相比。

宋国在他的统治下，大臣离心离德，百姓怨声载道。齐国正是看准宋国国内动荡不安，才起了攻灭宋国的野心。

但秦国默认齐国侵略宋国，不过是自己要对魏国与韩国用兵的权宜之计，既然已经在魏、韩两国得手，秦国自然不会对齐国吞并宋国置之不理。

秦国丞相魏冉在暗中唆使赵国攻打齐国，认为一旦齐、赵开战，齐国自然无暇再顾及宋国。

赵国国内对是否攻击齐国一直犹豫不决，遇到这种状况，魏冉又开始在暗中唆使齐国攻打赵国。总之，对于秦国来讲，无论是赵国去攻打齐国，还是齐国攻打赵国，其结果都是一样的，秦国只是希望齐国陷入与其他大诸侯国的纠缠，尽量拖延齐国攻打宋国的时间。

一东一西两个大国，在兼并争霸的过程中，彼此绥靖，彼此妥协，彼此遏制，于是夹杂在大国中间的魏国、韩国、宋国这样的弱小国家，就成了大国争霸的牺牲品。

当然，物竞天择，适者生存，战国本是弱肉强食的野蛮丛林。毕竟魏国、韩国、宋国都曾强大过，因对内对外政策的屡屡失误，国力逐渐衰微，成为大国案板上的鱼肉。这又怪得了谁呢？

秦王称帝未遂

历史行进到战国中后期，当时的诸侯国君主已经普遍称王，不光战国七雄，连中山国、宋国这样的中等国家君主也已称王。渐渐地，称王已经满足不了强势大国君主的野心，他们希望以更加强有力的称谓来表现国家的实力和自己的霸权。

特别是近年来不断开疆扩土、国力日增的秦国君主秦昭王，对于提高自己尊号的愿望更为迫切。公元前288年，秦昭王模仿上古的三皇五帝，首先称帝。

当时还没有“皇帝”一词，“皇帝”是后来秦始皇为自己发明的尊号。所以秦昭王称帝，只是单纯地称帝，并不是称皇帝。

但这在当时已是冒天下之大不韪，令所有诸侯感到震惊。秦昭王也知道自己称帝有可能成为众矢之的，为了避免树立强敌，秦昭王自己称帝的同时，为当时唯一一个能与秦国并驾齐驱的诸侯大国齐国的君主同样奉上帝号。

秦昭王自称西帝，尊齐闵王为东帝。秦昭王认为，只要安抚住齐闵王，管其他诸侯国愿不愿意，又能奈我何？

秦昭王派舅父魏冉为特使，带着东帝的尊号出使齐国，并向齐国提议，与秦国联合攻击赵国，事成之后平分赵国土地。齐闵王自然是乐意接受东帝的尊号，对于攻伐赵国，齐闵王心中有他的打算。他并不想真的付诸行动，仅仅是在口头上应允秦国而已。

齐、秦两大国，因相互承认帝号而走向联合，这对于其他诸侯国来讲，绝对是糟糕的信号。这样一来，每一个弱小诸侯国的利益，都会被齐、秦两大国在礼尚往来的融洽气氛中商量着瓜分掉。

那些谋求天下均势的纵横家是不愿意看到这一局面的。就像苏秦所分析的那样："天下的辩士们，都不愿意齐秦两国有友好的交往。那些赶着车到秦国去游说的辩士，没有一个人会说齐国的好话。而那些赶着车去齐国游说的辩士，也没有一个人会说秦国的好话。怎么这样呢？就因为天下所有人都不希望齐国与秦国合作。"

此时正巧苏代从燕国来到齐国，齐闵王就向他询问："秦国刚刚派魏冉为我送来了帝号，先生说我是接受还是不接受呢？"

苏代说："大王还是先不要急于称帝，看看秦国称帝结果会怎样。如果秦王称帝，天下并没有多少反对的声音，大王就可以称帝。如果秦王称帝，天底下的人都很憎恨他，大王正好可以公开反对称帝，以此收拢天下的人心。"

齐闵王点点头表示同意。

"大王认为如果天下人即使都不反对齐国与秦国同时称帝，那么大家是会遵从秦国呢还是会遵从齐国呢？"苏代接着说。

“当然是尊崇秦国，毕竟他是首先称帝的。”

“那么如果您放弃帝号，表面上遵从秦国的帝号，实际上是让秦国成为众矢之的，秦国早晚也会被迫放弃帝号。那么天下人是敬爱秦国呢，还是敬爱齐国呢？”

“当然是敬爱齐国，因为是我首先主张放弃帝号的。”

“秦国主张联合齐国来攻打赵国，大王认为是攻打赵国对秦国有好处呢，还是攻打宋国对齐国有好处呢？”

“当然是攻打宋国对齐国有好处。”

“既然如此，大王与秦王一同称帝，天下人就会敬重秦国。大王如果放弃帝号，天下人就会敬重齐国。那么大王为什么不放弃帝号而笼络天下人心呢？更何况，与秦国联盟攻伐赵国，不如齐国自己去攻打宋国对齐国有好处。打下宋国淮河以北的地区，就可以威胁楚国东部的疆土。打下宋国济河以西的地区，又可以威胁赵国的安全。打下宋国中间的领土，魏国国都大梁的城门就等于被堵死了。既有了仁义的名声，又得到了天下人的尊崇，还让各诸侯国归服，这样的事情为什么不去做呢？”

齐闵王点头称善，他声称自己没有功德，不敢接受帝号。

这个劝说齐闵王不要接受帝号的纵横家，《史记》上记载是苏代，根据《战国策》等一些史料，这个人很有可能是苏秦。究竟是谁，已经很难去讲了。

齐闵王取消帝号后，自然不会放弃这个绝佳的攻击秦国的机会——当然，是口头上的攻击。齐国还暂时没有兴师动众攻伐秦国的必要。

秦国原本约定齐国共同攻伐赵国。秦国与赵国之间近来关系最为紧张。因而齐国首先同赵国会盟，共同讨伐秦国。

燕国一段时间以来一直在打齐国的溜须，这样的机会燕国也不想错过。燕国也允诺出兵两万，并自带干粮去打秦国。

魏国与韩国这段时间以来也一直受秦国的欺负，听说老大齐国带着实力不俗的赵国，外加上本来和齐国关系很好的燕国都要去讨伐秦国了，他们也不甘落后，整顿人马做出攻打秦国的样子。

但是，魏、韩两国的军队，居然因为天降大雨耽误了行程。是真的走不了了，还是做个样子找个借口？谁都心知肚明。

总之，五个国家兴师动众，都做出了讨伐秦国的样子，但是，五国军队长期在荥阳附近驻留，向函谷关内张望，谁都没有真的和秦国开战。

秦昭王见齐闵王不但不肯同他一同称帝，还弄出一个五国合纵讨伐自己的声势来。他自知若还抱着“西帝”这个虚名，就等于让自己成了天下诸侯的靶子。秦昭王随后也很不情愿地取消了自己的帝号，重新称秦王了。

第七章 五国伐齐

齐灭宋

秦王不称帝了，五国讨伐秦国的目的等于达到了，正好谁也不想真的和秦国打仗，那么赶紧见好就收，大家都散去吧。五国合纵伐秦马上就有一哄而散的态势，单等盟主齐闵王一声令下了。

但齐闵王是断不能让大家一哄而散的。

齐国导演五国合纵伐秦的真正目的不在于伐秦，而是要将所有诸侯国的注意力都调动起来，集中在秦国身上，而齐国自己则要在后面搞一个大动作：灭亡宋国。

如果大家散了，岂不是又回到了五国合纵之前的态势，齐国再去攻打宋国，还是要面临多个诸侯国军队武装干涉的可能。

齐闵王派出苏秦到各诸侯国去游说：“大家不要散，原地待命。”齐闵王还答应一旦齐国打败了宋国，要将宋国最富饶的陶邑送给赵国国相李兑做封邑，要将宋国的平陵送给魏国国相孟尝君田文为封邑。宋国还没打，大家已经开始瓜分了。

此时齐闵王又派出使节出使秦国，以五国联盟不再攻打秦国为条件，希望秦国在齐国攻打宋国的过程中保持中立。

秦昭王开始很不愿意齐国攻打宋国，那样会使齐国的国力大增。但是大臣冷向却建议秦昭王不要阻止齐国攻打宋国。

理由是一旦宋国被灭，齐国就同魏国东部靠近首都大梁的地方接壤，魏国必然非常恐惧，会派重兵保卫首都安全，那时魏国西部就会空虚，秦国可以趁机攻占魏国西部的安邑。

而燕、赵等国也会惧怕齐国的发展，转而同秦国联合，抵制齐国。那样就可以成功地将天下的矛盾焦点由现在的秦国转向齐国。秦国就可以从中领导各诸侯国一同攻伐齐国。

秦昭王闻后大以为然，从此以后，秦昭王不但不再阻止齐国攻伐宋国，甚至开始怂恿齐国出兵，甚至说如果齐国出兵，秦国可以提供必要的援助。

齐闵王当然不需要秦国的援助，因为这种援助一定是以损害齐国的利益为代价的，到那时恐怕宋国就不能全部为齐国所有了。齐王拒绝了秦昭王的“好意”，表示只要秦国不干涉齐国出兵，齐国就心满意足了。

在得到了秦昭王的首肯后，齐国开始做灭亡宋国的最后准备。

为了能够毕其功于一役，齐国这次投入了血本。将齐燕边境、齐赵边境、齐魏边境各地的驻军都抽调了回来，向宋国发起猛攻。

宋国在宋康公的“治理”下，已经变得虚弱不堪。齐国的兴师动众甚至显得有些多余。宋国没有人为宋康公卖命。齐国军队攻入后，宋国的军队和百姓都争相散去，连城邑都没有人守卫。

齐军毫不费力就占领了宋国所有的城池和土地，宋国灭亡。宋康王逃到了魏国，最后死在了那里。

宋国是武王伐纣后，周武王分封给商纣王的兄长微子启的国家。周武王分封宋国的最初目的一方面是安抚商朝的遗民，另一方面是让宋国代表商王后代继续祭祀历代商王。一直到齐国灭亡宋国，商王才算绝祀。此时距离武王伐纣，又已经过去一千年了。

如果从商汤讨灭夏桀建立商朝算起，商汤的后代作为一国的君主延续了长达一千六百年，也是中国古代的一个奇迹了。

群殴齐国

齐国在并吞了宋国之后，国势瞬间大振。南边的楚国，西边的魏国，北边的赵国、燕国都受到巨大威胁，齐闵王甚至“欲以并周室，为天子”。齐国南边邹、鲁等小国皆向齐国称臣。

当时各个诸侯国都很恐惧齐国的膨胀，各种反齐势力相互之间游走串联。到此时，苏秦的计谋已经得逞了，齐国终于成了天下的众矢之的。

秦国是除齐国以外的第二大强国，最有实力攻伐齐国。秦昭王想要在讨伐齐国的问题上成为天下的表率，明确宣称：

“齐王四次与寡人盟约，却四次欺骗了寡人，还率领天下诸侯先后三次攻打寡人，所以说有齐国没有秦国，有秦国没有齐国，对于齐国寡人必伐之，必亡之。”

秦昭王已经是咬着后槽牙在赌誓发愿。

就在齐国吞并宋国的第二年，秦昭王派大将蒙骜率军攻打齐国，取得了九个城邑的战果。

同时，秦昭王与已经多年不来往的楚顷襄王在宛城相会，又与赵惠文王在中阳相会，还与魏昭王、韩厘王先后相会，积极磋商讨伐齐国的问题，促成了五国伐齐的局面。

那么五国为什么不去联合燕国呢？

自从被齐国打败之后，燕国一直以来对齐国俯首帖耳。齐国出兵平灭宋国，燕国也曾出兵援助。齐闵王斩杀了燕国大将，燕昭王甚至还去向齐闵王道歉。

因此，准备讨伐齐国的五个诸侯国都将燕国看作是齐国的小弟，自然不会去联合他。但是偏偏这个谁也没有看好的燕国，齐国也从不加防备的燕国，给了齐国致命一击，几乎让齐国亡国。

在秦、楚、韩、赵、魏五国伐齐的局面形成后，燕昭王才慢吞吞地与赵惠文王相会，表露出自己也准备讨伐齐国的意图。这一新的情况让五个诸侯国都很欣喜，更加坚定了武装讨伐齐国的信心。

燕昭王与赵惠文王会盟之后，马上调集全国军队，以乐毅为主帅，挥师攻齐。

乐毅本是魏国名将乐羊的后代，在赵武灵王时期成为赵国将领。赵武灵王饿死在沙丘后，乐毅离开了赵国来到燕国，受到燕昭王的赏识，委以重任。

燕昭王不但任命乐毅为燕军统帅，还将燕国相印交给乐毅执掌。为了燕赵两国军队能够统一协调行动，赵国也任命乐毅为国相，这样乐毅就成了燕赵两国的“共相”。

为了同其他诸侯国军队相会合，乐毅的军队没有直接南下，越过燕国与齐国的边境攻打齐国，而是将燕国军队开进了赵国，绕到赵国东南的边境，攻打齐国的济西地区。

乐毅攻打齐国，因乐毅是燕国将领，他所带领的军队主力也是燕国军队，很多人认为是以燕国为主导的行为。但是秦国在其中其实有着不容忽视的作用，甚至说是领导作用。

率先倡议攻伐齐国的大国就是秦国，联盟组成后，秦国为了保障燕国与赵国对自己没有异心，还送了人质到燕国与赵国。至于韩、魏这种经常被秦国痛扁的弱国，秦国就没有必要送人质了，而是派御史起贾住在魏国，用来监督和主持讨伐齐国的工作。

当五国联盟讨伐齐国的局面形成后，齐国最先针对的国家同样是秦国，而不是燕国。齐国心里非常清楚，当今天下只有自己能同秦国掰一掰手腕，秦国纠合着这么多的国家一起来攻击自己，不能不说是有私心的。

只要齐国被打垮了，那么就没有人再阻挡秦国称霸甚至是统一的进程了。所以齐国马上派人给赵惠文王上书，指出秦国的企图：秦国是要以齐国为诱饵，让天下诸侯都去攻打齐国，而秦国自己却要灭亡韩国，吞并两周，统一天下。

尽管齐闵王一语道出了秦国背后的玄机，但是当时天下诸侯最为畏惧的国家确实是齐国，而不是秦国。秦国能不能统一天下那是后话，如今再不打一打齐国的气势，齐国就要统一天下了。

对于燕、赵、魏、韩这些国家来讲，他们当然不愿意秦国统一天下，同时也不愿意齐国统一天下，他们只希望自己统一天下。如果自己没有统一天下的实力，那么最好谁也别统一天下。大家继续这样相互争斗，相互制衡，维持现状是最好的局面。

而如今齐国灭亡了宋国，破坏了战国间的平衡。齐国的实力强大了，自然就成了天下所有诸侯的敌人。任齐国说什么秦国的野心，当时是没有人听得进去的。

公元前 284 年，秦国派斯离为大将，到济西与魏、韩、燕、赵军队会合，共同对齐国发起猛攻。

此时在济西前线，聚集了齐国几乎全部的主力，齐军的指挥官是将军触子。触子知道五国联军的厉害，不敢轻易出战，维持着对峙的局面。但是此时齐闵王跳出来瞎指挥了，他派人对触子说："请将军赶紧出战迎敌，若再按兵不动，我就灭你的家族，刨掉你的祖坟。"

触子只能硬着头皮出战。而双方刚交战，触子就传令鸣金收兵。齐军以为遭遇到了大的失败，军心顿时涣散，败退下去。五国联军后面掩杀，齐军主力在济西一战中，几乎全部溃散，倒霉的触子也不知所终。

连下七十城

而五国联军呢，在取得大胜后，秦、韩、赵、魏等国家的军队，到各地去占据齐国、原宋国的城池去了，他们没有深入齐国境内甚至攻陷临淄的想法。

唯独乐毅率领的燕军除外。因为燕昭王下的死命令就是灭齐复仇。燕军对齐国的残兵败将紧追不舍，一直追到临淄。

大约在此时，苏秦是燕国卧底的事情才败露。齐闵王非常气愤，在临淄车裂苏秦以泄愤，当时此举已难以避免燕军压境的局势了。

济西惨败后，齐国的另一位将军达子带着收拢起来的残兵败将退守到齐国国都临淄以西，巩固防线，准备打一场临淄保卫战。

但是燕军势如破竹，士气正盛，勉强拼凑起来的齐军很难守住阵地。重赏之下必有勇夫。如今齐国已到了生死存亡的边缘，达子希望齐闵王能打开金库，重重地犒赏三军，以激励将士。然而齐闵王却舍不得他的那些金银财宝，不肯这么做。

齐闵王想不明白这一点，那些金银财宝不发给本国的将士，就要发给燕军的将士。

乐毅带着燕军同达子率领的齐军在临淄以西的秦周一场厮杀，最终齐军败北，齐闵王仓皇出逃，临淄落入了燕军手中。

乐毅将齐国累世积累起来的珍宝，包括以前从燕国运回的宝器全都运回了燕国。燕昭王大喜过望，没想到自己弱小的燕国真的能把强大的齐国打成这个样子。他亲自到济河岸边犒赏三军，加封乐毅为昌国君。

此后，乐毅在齐国继续征战，仅仅用了六个多月的时间，就先后打下了齐国七十多座城邑，并把新攻占的城邑全都改为了燕国的郡县，燕国是打算长期盘踞于此了。

齐国只剩下了莒与即墨两地，已经到了亡国的边缘。

齐闵王逃出临淄后，投奔了卫国。卫国是一个弹丸小国，即使齐闵王已成丧家之犬，卫国仍然不敢怠慢他。卫国国君将自己的宫室打开，让齐闵王居住。而齐闵王虽然已经流离失所，对待卫国这样的小国仍然非常傲慢，最终卫国人忍无可忍，将齐闵王赶走了。

齐闵王又先后来到了邹、鲁等小国，这些小国在齐闵王强盛之时曾经向齐闵王称臣，所以齐闵王对他们的态度更是傲慢。邹、鲁等国国君都不愿收留他，又将他赶走了。

齐闵王只好绕道回到了齐国南部的莒地，在莒城中驻扎下来。这时楚国前来帮助“齐国”了。

楚顷襄王虽然在各国联合伐齐之前，就与秦昭王会盟，但是各国讨伐齐国的时候，楚国并未出兵参与。楚顷襄王一直在南方观察北方各诸侯国大战的动向。见到齐国已经一败涂地，自己若再不插手干预，就得不到任何好处了，于是楚顷襄王派将领淖齿率领大队人马来到莒地帮助齐国。

名曰帮助齐国，实际上是要控制齐国国君，借机占领齐国淮河以北的土地。楚国是战国七雄中唯一一个没有打击齐国的诸侯国。齐闵王对楚国比较信任，淖齿到来后，马上拜他做了齐国国相，希望借助楚国的力量打败燕国恢复齐国，却不知淖齿是齐闵王的催命鬼。

没过多久，淖齿就将齐闵王杀死，然后联系燕国攻城部队，希望同燕国共同瓜分齐国的领土。

淖齿要求齐闵王割地给楚国。齐闵王是一位强人，虽然昏庸，却不软弱，面对屈辱，誓死不从。淖齿恼羞成怒，居然将齐闵王抽筋，并用他的筋把他吊在房梁上。据说齐闵王哀号了两天两夜，才痛苦地死去。但淖齿也很快被齐国人王孙贾所杀。

齐国国都临淄被燕军攻破时，王孙贾本是一个十五岁的小孩子，在齐闵王驾前做侍臣。齐闵王逃跑后，王孙贾躲回了家中。王孙贾的母亲对他说："你本应在大王驾前侍奉，现在大王逃难不知所终，你怎么能回家呢？赶快去寻找大王。"

王孙贾被羞得面红耳赤，一跺脚离开临淄，到处寻找齐闵王的下落。后来听说齐闵王到了莒地，王孙贾也追随到了那里。

齐闵王被杀后，王孙贾想要为主人报仇，但是他一个人能力有限，手里又没有太多的权力。王孙贾也是拼出了性命，他走上街头，对莒地的老百姓说：

"我们齐国有了大难，而淖齿又来作乱，杀害了我们的大王。现在我要去讨伐淖齿，有愿意同我一起走的，就请袒露右臂。"

齐闵王虽然不得人心，但他的死太过于惨烈也太过于屈辱。齐国人的爱国烈火早已在心中燃烧。王孙贾振臂一呼，四百多人愿意同他共赴国难。他们浩浩荡荡来到淖齿的住处。淖齿对此一点防备也没有，结果被王孙贾等人杀死了。

此后王孙贾接管了莒地的城防，带领齐人抵抗燕军的进攻，但是齐国没有君主，不是长久之计。正好齐闵王之子田法章也流落在莒地，他居然已经沦落为太史家的用人。为了躲避战乱，他根本不承认自己是齐闵王的儿子，后来被别人认出，王孙贾就把他推立为新任齐王，是为齐襄王。

齐襄王继位时，齐国仅仅掌握着莒和即墨两座城池，对此齐襄王也一筹莫展，无计可施，只能听天由命了。

按理说齐国走到了这步田地，谁都认为已经没有了复兴的可能。然而偏偏就是有人可以逆天改命。

齐国被燕国攻陷的七十余座城池都是在半年左右时间就失陷的。齐国仅有的这两座城池，居然坚持了五年之久都没有被乐毅攻破。成就这两个守城奇迹的，一个是莒地的公孙贾，另一个是即墨的田单。

田单是齐王的宗室，但关系非常疏远。在五国伐齐之前，田单名不见经传，甚至连领兵的将领都不是，仅仅是临淄的一个市场管理员。若不是乐毅率领燕军突破临淄，恐怕田单一辈子也只能沉沦下僚，毫无作为。

历史上的很多英雄豪杰都是如此，若不是国家出现危难，他们都是平凡得不能再平凡的人。国难却成了英雄人物崛起的契机。有一句话叫“国家不幸诗家幸”，对于英雄来讲，同样如此。

田单夹杂在难民中向东南方向败退，最后退到了即墨。领导即墨民众抗击燕军的即墨大夫在一次交战中阵亡。即墨城没有了主帅，而田单好歹也是齐国宗氏宗亲，他就被大家推举出来作为守城的主将。

田单莫名其妙地被推举到了历史的前台，成为聚焦在历史镁光灯下的人物。

齐国光复了

与田单演对手戏的是刚刚攻下齐国七十余城的名将乐毅。无疑，这不是同一重量级的对话，田单的这场戏并不好演。

但也正因如此，田单交上的这份成绩单才如此耀眼。他居然守着一座孤城，与乐毅对抗了两年之久，乐毅愣是没有攻下即墨。

乐毅见强攻不行，就开始使用收买人心的怀柔政策，允许百姓自由出城从事生产，恢复城中百姓的正常生活，对于需要救助者还给予一定的帮助。乐毅希望借此能够慢慢消磨掉即墨人的抵抗意志。

就这样，又过了三年，即墨人还是没有归顺燕国的意思。不但如此，慢慢地，燕军的大本营燕国还出现了关于乐毅的流言蜚语。

有人在燕昭王面前说乐毅的坏话："乐毅打下齐国七十多座城仅仅用了半年的时间，怎么在即墨城下就耗费了五年之久？我看不是即墨城这么难打，而是乐毅根本就不想迅速地把齐国灭掉，因为灭掉齐国，乐毅就必须要班师回朝了，而留下即墨，乐毅就能一直带兵盘踞在齐国。他是要在齐国收买人心，准备脱离燕国做齐王了。"

燕昭王听了这样的话，并没有作答。而是传旨要文武百官悉数上朝举行盛大集会。在大朝上，燕昭王当众说道："乐毅为我燕国报了大仇，不要说他没有做齐王，就是他真的做了齐王，若他能够与燕国交好，一同对付其他诸侯，也是寡人的愿望，是燕国的福气。"

说罢，他传旨将中伤乐毅的人杀掉，并且派出使者急速到乐毅的大营前，册封乐毅为齐王。乐毅感激涕零，但是绝不接受齐王的封号。

燕昭王是中国历史上最为知人善任的君主之一，应该说乐毅作为燕昭王的臣子是幸运的。正是在燕昭王的全力支持和完全信任之下，乐毅才成就了攻下齐国七十余城的不世功勋。

如果乐毅能够继续毫无后顾之忧地攻打即墨，即墨是有可能被攻陷的。但是，命运不会总是眷顾乐毅，命运也要对田单的坚持有所奖励。

公元前 279 年，燕昭王去世了。在做太子时就和乐毅并不和睦的燕惠王即位。

田单得知这一消息后，马上使用反间计，派出人去散布流言，说的还是乐毅故意拖延时间想要做齐王那一套。但在这一套陈词滥调之后，又加上了一句：齐国人现在最害怕燕国更换主帅了，一旦把乐毅换走，齐国人估计马上就投降了。

消息传到燕惠王的耳朵里，燕惠王马上撤掉了乐毅前军主帅的职务，要他火速回燕国复命，并改派骑劫到前线去替换乐毅。

乐毅何等聪明，知道回燕国之后必然遭到陷害，燕国是万万回不得的，于是他离开燕军之后，就投奔赵国去了。

凭借乐毅这么多年来积累起来的威望，在赵国混口饭吃还是没问题的。赵国将乐毅安置在赵国、燕国与齐国的三国交界处，用以威慑燕国与齐国。而乐毅在燕军中威望极高，他无缘无故被撤职，在前线的燕军中掀起了轩然大波，燕国的军心开始浮动，事态正在朝有利于齐国的方向发展。

骑劫到燕军前线大营走马上任后，田单再次散布了两条流言。

第一条流言：将有天兵天将来帮助齐国人守城。开始城外的燕军根本不信，但是田单让城内的人拿出粮食来喂天上的鸟。久而久之，即墨城内聚集了大量的鸟，忽而飞起忽而落下，城外的燕军没有看到过这样的情景，就真的以为有天上的兵将来帮助齐国人了。

第二条流言：齐国人害怕被割去鼻子，更害怕祖先的坟墓被挖开。骑劫听说后，就割掉齐军俘虏的鼻子羞辱他们，又把即墨城外齐国人的坟墓挖开，露出里面的尸骨。即墨城内的齐国人在城上看到这样的情景，都恨得咬牙切齿，发誓要杀退燕军报仇。

看到这样的情景，田单觉得，大反攻的时机成熟了。但是燕军人多势众，齐军势单力孤，虽然士气正盛，报仇雪恨的决心也很足，但并不能弥补硬实力上的巨大差距。如何才能弥补这一差距呢？

田单的脑洞也是真够大，居然想出了一个古今从未有人尝试过的战术：人不够牛来凑。他暗中集结了一千多头耕牛，在这些牛的角上绑上刀剑，准备让这些牛在前面冲锋。

一切准备就绪，为了让燕军的意志松懈，田单还使出了诈降的手段。他派人出去假装投降燕军，并且约定了投降日期。

燕军将士在齐国已经征战了五年多，已经有些疲战厌战，个个都想赶紧回乡。听说齐人准备投降，他们也想赶快结束战争，因而没有多想就答应了齐军的请求。

燕军将士从上到下都已经开始打点行囊准备回乡了。就在这个时刻，田单将那一千多头牛的尾巴绑上沾满油脂的苇草，点燃后将牛放出。牛尾巴瞬间烧着，牛受到惊吓，一个劲地往前冲，瞬间就冲入了燕军大营。

五千齐军跟在后面也杀了出去，一下子将燕军杀得大败，燕军主将骑劫也惨死在乱军之中。田单乘胜追击，那些被燕国占据的齐国城邑纷纷起事，赶走燕国的占领军，被乐毅攻下来的七十多个城邑没过多久又全都插上了齐国的旗帜。

田单到莒城把齐襄王接回了临淄。齐国奇迹般地光复了。

趁火打劫

从齐闵王灭宋，齐国达到鼎盛，到乐毅率领五国伐齐，齐国险些灭亡，再到田单复国，齐国光复。前后不过七八年的时间，齐国的国势经过了过山车般的大起大落。在这一过程中得利最多的不是燕国，不是赵国，不是楚国，不是齐国，而是看似没有发挥太大作用的秦国。

齐国是战国七雄中唯一一个能与秦国并驾齐驱、国力相当的诸侯国。结果遭到乐毅毁灭性的打击，虽然最终勉强复国，但昔日的大国雄风已不复存在，战国中的“超级大国”仅剩下了秦国。

早在乐毅在齐国领土内收割一个个城邑的时候，秦军并没有随着乐毅进入齐国境内，而是转而攻取齐国刚刚占领不久的宋国。

之所以这样做，一来是因为秦国人认为，攻打齐国的城池不一定能够长久占据，有朝一日如果齐国缓过气来，一定要收复失地。而宋国的土地原本就不属于齐国，宋康王又早已经死亡，宋国也已经灭亡。这样一来，宋国的土地等于是无主之地。攻略这样的土地，即使将来齐国恢复元气，想要收回，秦国也有理由拒绝。

二来，秦国当政的魏冉做梦都想得到天下最富庶的宋国的陶邑当作自己的封地，这也是秦军进攻方向改变的一个重要原因。果然，秦国攻取了陶邑，魏冉便利用职权将其划归自己所有，成为他自己的封邑。

同秦国做法一致的还有魏国。因紧邻宋国，魏国近水楼台先得月，攻取了包括原先宋国国都睢阳在内的大片原宋国土地，并设置了两个郡加以管辖。

魏国所攻占的宋国土地大大多于秦国所攻占的宋国土地，这就造成了秦国同魏国的矛盾。秦国开始调兵遣将攻打魏国，兵锋直指魏国首都大梁。

秦国军队很快来到大梁西北的一片茂密的树林。这一带水草丰美，野生兽类众多，是魏王经常来打猎的地方。魏王在这里修建了高台宫室，相当于魏国的一处宫苑。

秦军来到这里，大量地砍伐树木，捕杀野生动物，甚至麋鹿都被杀光了。秦军还拆毁了魏王所建的高台，捣毁魏王的宫室，做好了攻打大梁城的准备。

大梁的沦陷就在眼前。面对这种形势，魏国国相孟尝君亲自到燕、赵去游说，希望燕、赵两国能发兵拯救魏国。

孟尝君先就近到了赵国，赵惠文王一来惧怕秦国，二来因赵军主力正在齐国境内打秋风，所以不打算出兵相救。

孟尝君便说：“魏国已经支撑不住，如果赵国不发兵救援，魏国就将向秦国投降，与秦国歃血为盟，共同来讨伐赵国。”赵惠文王无奈，允诺出兵十万去救魏国。

孟尝君随后又来到燕国，对燕昭王说：“如今魏王出了国都大门就已经遥望到秦国军队的旗帜了，魏国十万火急，还请燕国出兵相救。”

燕国此时也有难处，燕军主力正在齐国的胶东地区作战，所以燕昭王便以燕国遭受了天灾而拒绝孟尝君：“如今的燕国遭了天灾，已经连续两年没有收成，燕国哪有能力行军数千里去救援魏国？”

孟尝君还是拿出在赵国的那一套说辞:“如果燕国不能出兵，魏国只能向秦国割地投降，到那时恐怕秦国军队就会带着魏国军队来到燕国。”这套陈词滥调还真管用，燕昭王权衡利弊，最终也表示出兵八万去救魏国。

秦国一看燕、赵都已出兵救魏，知道再打下去恐怕也占不到便宜，只好撤军了。

撤军后，秦昭王认为，有赵国这样一个强大的国家碍事，秦国就不能放心大胆地去攻打其他弱小的国家，还是应先制服赵国，即使无法灭亡赵国，也应让赵国不敢干预秦国对于其他国家的进攻。于是秦国再次改变主攻方向，处处与赵国作对。

从魏国首都大梁撤军后不久，秦军就在白起的率领下攻取了赵国的兹氏（今山西汾阳南)、祁（今山西祁县)、蔺（今山西离石西）和离石（今山西离石)，随后又迫使赵国向秦国派出人质。

在这一时期内，赵国两位著名的人物廉颇与蔺相如登场了。廉颇是赵国著名的将领，此时率领赵军在齐国征战，曾攻占齐国的阳晋（今山东郓城西)。相比之下，蔺相如的身份要低微得多，他仅仅是赵国宦官缪贤的门客。

廉颇、蔺相如同秦国的故事是由天下至宝和氏璧开始的。

第八章 将相和

和氏璧

和氏璧本是楚国之物，产自今襄阳以南南漳县的历山。有一个叫卞和的人在历山得到一块璞玉，将其献给当时的楚厉王。

望着眼前这块顽石，楚厉王自然没有隔皮断货的能耐，不知道石头内部是不是宝玉，就叫了一名玉工来查看。玉工看后说这仅仅是一块石头。楚厉王大怒，砍掉了卞和的左脚。

后来楚厉王去世了，楚武王登基，卞和又来献宝。玉工仍然说是石头，楚武王便砍掉了卞和的右脚。

等到楚文王继位，卞和抱着璞玉在山下哭泣。楚文王就派人来问他："天下被砍掉脚的人很多，为什么你哭得如此悲伤？"

卞和说："我并非为自己受到刑罚而悲伤，我是为宝玉不被世人所认识而悲伤。”这次楚文王干脆让玉工剖开那块顽石看个究竟，里面果然是一块世所罕见的无瑕美玉。因这块美玉是卞和发现的，又是他历尽千辛万苦所进献，便以卞和之名将其命名为“和氏璧”。

和氏璧自从被发现之后，一直保存在楚国。楚王还曾将其赏赐给名将昭阳。但不知为什么，楚人丢失了这块国宝。和氏璧又几经辗转，落到了赵惠文王手中。

秦昭王听说天下至宝和氏璧出现在赵国，就派人出使赵国，向赵惠文王提出秦国愿用十五座城邑来换取和氏璧。赵惠文王请文武重臣前来商议，要不要答应秦国以城池换取和氏璧的请求。

此事让赵国君臣左右为难。因为秦国素来没有信用，若是同意交换，恐怕会白白失去和氏璧，也得不到秦国的城池。若是不同意交换，秦国就可能以此为借口挑起争端。正当大家争论不休的时候，宦官缪贤举荐自己的门客蔺相如来处理此事。

赵惠文王问缪贤，蔺相如有什么本事可以处理这样棘手的问题？缪贤答道：“大王是否还记得，当年微臣犯罪，后来脱掉上衣，赤胸裸背伏在刀斧之下来向您请罪，大王开恩赦免了微臣？”

赵惠文王点了点头，确实有这回事。

缪贤接着说：“这正是蔺相如的主意。当年我犯罪后，曾想逃到燕国去，因为燕王曾对我说想要结识我。我认为燕国可以容身。但是蔺相如阻止了我。蔺相如对我说燕王想结识我，是因为我当时正受大王的宠爱。一旦我离开赵国逃亡到燕国去，燕王是不会因为我而得罪大王的。燕国一定不会收留我，还会把我捆绑起来又送回赵国。与其那样，还不如我直接去向您请罪。后来我果然得到大王您的赦免，所以我认为蔺相如是一位有勇有谋不可多得的人才，今日特将他举荐给大王您。”

赵惠文王听后非常高兴，马上传旨宣召蔺相如。赵惠文王向蔺相如询问，如今秦国想用十五座城池来换和氏璧，赵国是答应还是不答应？蔺相如回答说："如今秦国国力比赵国强盛，我国若不答应，就会给秦国以口实。现在不是应不应该答应，是不得不答应。"

赵惠文王说出了他的忧虑："如果被秦国欺骗，秦国不给赵国城池，赵国白白失去了和氏璧怎么办？"

蔺相如答道："秦国希望用城池交换和氏璧，如果赵国不答应，那么是赵国失礼，主动权在秦国。如果赵国送去了和氏璧，而秦国不割让给赵国城池，那么是秦国失礼，主动权在赵国，权衡利弊，还是应让秦国失礼，而让赵国占据主动有利的位置。"

赵惠文王觉得蔺相如可以担当使者，就故意问道："那么请问蔺先生，何人可以充当使者呢？"

蔺相如答道："微臣愿意充当使者，护送和氏璧前往秦国。若秦国果然割让城池给赵国，微臣就将和氏璧留在秦国。如果秦国耍花招，我誓死也定将和氏璧完整无缺地再次交还给大王。"

就这样，蔺相如携带和氏璧西入函谷关来到秦都咸阳。秦昭王在章台召见了蔺相如，秦国后宫美女、文武大臣都来到殿上，争相一睹和氏璧的风采。

完璧归赵

蔺相如双手捧着和氏璧献给秦昭王。

秦昭王把玩着这块稀世珍宝，真是爱不释手。很久之后才将宝玉传递给后宫美女和文武大臣鉴赏。大家都对宝玉和氏璧赞不绝口，争相向秦昭王山呼万岁。

蔺相如在玉阶之下，默默观察着秦国君臣的举动。他察言观色，似乎秦人已将和氏璧当作了自己的囊中之物，没有同赵国交换城池的意思，心里就明白了一些，恐怕秦人并无诚意。

蔺相如上前一步说道："回禀大王，和氏璧虽美，但有一细小的瑕疵，请让外臣指给大王看。"

秦昭王听后将和氏璧交还给蔺相如。拿到和氏璧后，蔺相如突然间变了脸，双手举起宝玉向后退了数步，倚靠在大殿柱子上。

他双目圆睁，怒发冲冠，大声喝道："前几天大王派使者出使赵国，对我家大王说想用十五座城池交换和氏璧。赵国上下都认为贵国素来贪得无厌又言而无信，依仗强大的武力，想要骗取稀世珍宝。文武大臣都劝说我家大王拒绝与贵国交换和氏璧。

"但是我家大王认为，即使市井之徒在集市中做小生意也不会相互欺骗蒙蔽，更何况是贵国这样的大国呢？于是我家大王斋戒了五日，在赵国最威严的殿堂上将宝玉与国书恭恭敬敬地交给我，让我护送它们来到秦国。

"没想到大王就在游玩的章台上接见我，还将宝玉传递给后宫美人与文武大臣玩弄，丝毫不尊重赵国与宝玉。我看大王没有用十五座城池交换宝玉的诚意，所以我才取回宝玉。大王若逼迫我交回宝玉，我宁为玉碎，将宝玉与我的头一起撞在柱子上。"

蔺相如说罢，手擎着宝玉，斜视着石柱，做出要碰上去的动作。

秦昭王害怕蔺相如真的要以死相拼，摔碎和氏璧，赶紧向蔺相如道歉，并取过秦国的地图，指着地图说，从哪里到哪里的城池全都划归赵国。

但蔺相如已经不再相信秦昭王，他认为秦昭王不过是在使用缓兵之计。既然秦昭王使用缓兵之计，那不如将计就计，自己也使用缓兵之计，就对秦昭王说："和氏璧是天下至宝，大王一心喜爱，赵王不敢不双手奉上，但是基本的礼数应该有。赵王将和氏璧托付给外臣时，曾经斋戒五日，希望大王也能如此，并在秦国正式的大殿上安排九宾大典，我才能献上和氏璧。”

秦昭王见蔺相如视死如归的样子，思忖着和氏璧终究不能硬抢只能巧取，索性答应了蔺相如的要求，并将蔺相如安排在馆驿中居住。

秦昭王觉得暂时稳住了蔺相如，实际上是蔺相如暂时稳住了秦昭王。到了馆驿后，蔺相如马上派了一名得力的随从，穿上粗布麻衣，打扮成一位不起眼的百姓，怀揣和氏璧，溜出了馆驿，混入了大街上熙熙攘攘的人群，离开咸阳，从山间小路越过秦赵边境回到了赵国。而蔺相如一直在馆驿中深居简出，假装等待秦昭王斋戒结束。

五日之后，秦昭王果然在秦王宫的正殿安排了九宾大典，以最高规格接见蔺相如。蔺相如大摇大摆地登上秦国正殿，面对秦国君臣慷慨陈词：

“秦国自穆公以来，凡二十余位君主，向来寡恩少信。我实在害怕被大王欺骗，辱没赵王的使命，所以已经先行派人将和氏璧送还赵国。如今秦国国力强盛，赵国不敢违背秦国意愿，请大王先将您答应的十五座城池割让给赵国，然后派一名使者到邯郸去取和氏璧。那时赵国已经得到城池，哪里敢不守信用而得罪大王您呢？赵王一定将和氏璧双手奉上。至于我蔺相如，五天前欺骗了大王，罪在不赦，甘愿承受应有的惩罚。”

秦昭王与文武大臣面面相觑，直到此时他们才明白蔺相如的意图。此时再追和氏璧早已来不及，有侍从进言道：“蔺相如蒙蔽大王欺君罔上，请按律处死。”

秦昭王一声苦笑，摆摆手说：“处死蔺相如也得不到和氏璧，白白破坏秦赵两国的情谊，让其他诸侯国笑话，不如好好款待他，放他归国。我相信赵王不会因为一块宝玉而欺骗我秦国的。”

秦昭王按照接见外国使臣的最高礼遇隆重接见了蔺相如，并恭送他回国。此后秦国再也不提用十五座城池交换和氏璧的事。蔺相如回国后，因为“完璧归赵”的大功而受到赵惠文王的另眼相看，被任命为上大夫。

渑池相会

过了没多久，秦、赵之间出现摩擦。秦国攻取了赵国的石城（今河南林州西南），第二年，秦国再次发兵攻打赵国，并斩杀赵军两万人。随后，秦昭王派使者约请赵惠文王在渑池（今河南渑池）相会。

赵惠文王害怕被秦国扣押，不敢赴会，但是面对战场上的节节失利，又不得不赴会。此时蔺相如与廉颇是赵惠文王最为倚重的一文一武两位大臣，赵惠文王就找他们共同商议。

最终君臣决定，由廉颇留守赵国，蔺相如护送赵惠文王去赴会，并在会场周围安排精兵以防不测。廉颇护送赵惠文王与蔺相如君臣到赵国边境，与赵王分别时，廉颇说道："昔日楚怀王曾与秦昭王在武关相会，不幸被秦人挟持。今日大王此行，来回路程加上会盟的时间，断不会超过三十日。如果大王三十日仍未归国，一定是出现了如楚怀王那样的情况，臣斗胆请允许立太子为赵王，以此断绝秦国要挟赵国的狼子野心。"

赵惠文王点头应允。此次赴会，赵惠文王大有为国舍生取义的意思，赵国君臣做好了应对最坏情况的准备。

来到渑池后，双方举行了盛大的会盟仪式。会盟后举行宴会，双方君主你一觞我一爵，渐渐酒到半酣，秦昭王似乎已有了数分醉意，借着酒兴对赵惠文王说："我听说赵王喜好音乐，颇具才艺，能否弹上一曲，让我们也长长耳音？"

赵惠文王此次赴会本来怀着十二分的小心，但在会上没有发生危险，他心中非常高兴，也渐渐放松了警惕，多喝了几杯，听到秦昭王想欣赏他的琴声，赵惠文王还有几分得意，拿起身边的一张锦瑟便弹奏了起来。

曲声终了，秦昭王不住地鼓掌，并示意旁边的秦国史官写道："某年某月某日，秦王与赵王于渑池相会，一同宴饮，席间，秦王命赵王鼓瑟。"

赵惠文王一听傻了眼，当时弹奏乐器是乐伎、乐工那样的下等人的作为，一国君主为另一国君主弹奏乐器有失国格，是奇耻大辱。没想到秦昭王有这样的居心，赵惠文王羞愧难当，不知如何是好。

这时在赵惠文王一边侍奉的蔺相如起身来到秦王面前，说道："外臣听说秦王擅长秦国的民间音乐，尤其擅长击奏瓦缶，也请您献上一曲以助酒兴吧。"

瓦缶是黏土烧制的盛酒容器，类似于后世的瓦罐，以瓦缶为打击乐器进行击奏，是上不了台面的民间土乐，档次要比鼓瑟低得多，这是对秦昭王更大的羞辱，秦昭王当然不能同意，他吹胡子瞪眼，果断拒绝。

蔺相如哪里肯饶，他顺手从食案上拿起一个瓦盆，跪在秦昭王的面前，请求秦昭王演奏："我在您五步之内，即使我现在自杀，我的一腔热血也能喷到大王的身上。"

秦昭王的卫士们想要阻止蔺相如，蔺相如横眉怒目，大声训斥他们。他们投鼠忌器，害怕蔺相如伤害秦昭王，没一个人敢上前。

秦昭王无奈，轻轻地在瓦盆上敲了一下。蔺相如转头对随同赴宴的赵国史官说："请记录，赵王与秦王在渑池相会，秦王为赵王击缶以助酒兴。"就这样，蔺相如再一次为赵国挽回了尊严。

双方继续饮酒，席间，秦国大臣不怀好意地说："赵国用十五座城池为我们秦王祝寿吧。"蔺相如针锋相对："那请秦国用咸阳来为我们赵王献礼吧。"

因为有蔺相如的存在，赵王始终没有落在下风。尽管秦昭王内心非常恼怒，但是赵国此次赴会带有重兵，一旦打起来胜败未尝可知，秦昭王自始至终未敢发作。

渑池相会后，赵惠文王安全地回到邯郸。他自然要奖赏蔺相如所立下的功勋，将其加封为上卿，在朝堂上的排位超过了廉颇。

此时廉颇心中多少有些不平衡。他退朝回到家后，对门下的宾客说："我廉颇为赵国攻城略地，打下多少城池，杀死多少敌人，立下多大功劳？蔺相如出身微贱，原本就是一个宦官的门客，手无缚鸡之力，没有半点战功，没杀死过一个敌人，就凭着口舌之快，会说一些花言巧语，居然爬到了我的上面，真是令我感到羞耻。我要是再遇见蔺相如，一定要好好教训他一番。”

将相和

哪里也不缺少搬弄是非的人，廉颇的一番气话，很快传到了蔺相如的耳朵里。

此后，蔺相如尽量避免与廉颇相见。即使上朝实在躲不开，蔺相如也经常自称有病，不与廉颇去争座席。但两山到不了一起，俩人却时常见面。

一次蔺相如外出，迎面正遇上廉颇的车队。因蔺相如地位高于廉颇，按理说廉颇应该给蔺相如让路，但廉颇的车队跃马扬鞭，径直向蔺相如的车队驶来。蔺相如见此情景，赶紧招呼手下的赶车人到旁边的小巷中避让。

廉颇车队大摇大摆，扬起一阵灰尘驶过去了。等到廉颇的车队走远，蔺相如的车队才离开小巷转回大路。

蔺相如回府后，有很多门客前来求见，他们纷纷向蔺相如告辞：“我们之所以离家来侍奉先生，是仰慕先生的高义，钦佩先生的作为。如今先生与廉颇同殿称臣，蔺先生位置在廉颇之上，但先生远远地见到廉颇的车队如鼠避猫一样。这样胆小，即使是普通百姓也会感到羞耻，何况是先生这样一个大国的上卿？我们实在受不了这样的羞辱，还请您允许我们离开。”

蔺相如为了挽留这些门客，索性说出了心声：“诸位先生，你们认为是廉颇将军厉害还是秦王厉害？”这两人怎么有可比性，大家都说秦王厉害。

蔺相如点点头继续说道：“秦王恐怕是全天下最厉害的人，以他的权势，我尚且不惧，在朝堂上敢于呵斥他、顶撞他、羞辱他，怎么会害怕廉将军呢？”一句话问得门客哑口无言。

“我之所以不愿与廉颇将军争斗，是因为我知道，如虎狼一样的秦国之所以不敢大举进攻赵国，是因为赵国有廉颇将军与我的存在。一旦我们二人不和，如同二虎相争，势必斗得你死我活。那时秦国趁机发兵来攻打赵国，赵国就会出现危险，我是先顾国家之急而后顾私人恩怨罢了。”

门客听到这一番话，对蔺相如更加钦佩，纷纷表示绝不离开蔺相如了。

过了没多久，蔺相如的这一番话也传到了廉颇的耳朵里。这些天来，廉颇觉得在气势上压倒了蔺相如，心中正扬扬得意，闻听此言，羞愧难当。蔺相如处处为国家大义大利着想，而自己就盯着那一点微不足道的个人得失、蝇头小利。他觉得自己同蔺相如相比，简直太渺小了。

过去廉颇觉得自己出身高贵，而蔺相如出身卑贱。想不到蔺相如却是如此宽厚仁义，而反观自己则显得粗野无礼了，于是他脱去上衣，赤裸着上身，令人将数根荆条绑在后背，到蔺相如的府上去请求他的原谅。

蔺相如当然是求之不得，两人不但和好，而且结成了生死之交。

因为蔺相如与廉颇一文一武同心同德共同辅佐赵惠文王治理赵国，本来已经中衰的赵国又出现了蒸蒸日上的景象。秦国见到赵国君臣一心、将相和睦，也对赵国心存忌惮，不敢轻易去攻伐了。

秦国对外攻掠，有两个进攻方向：一个是东出函谷关，蚕食三晋的土地；另一个则是南下出武关，攻占楚国的土地。如今赵国势盛，东出函谷关已经没有太多的便宜可占。尤其是韩、赵、魏三晋国家唇齿相依，秦军无论攻打谁，另外两个都会来帮忙，使得秦军虽然在气势上始终占优，但实际得到的利益不多，有很多土地都是刚刚得到没过多久便又失去。

这时候有人上书秦昭王，将韩、赵、魏比喻为一条长蛇：击打它的头部，则尾巴过来救援；击打它的尾巴，则头部过来救援；若击打它的身子，则首尾都来救援。虽然三晋国家表面上也是冲突不断，但当面对秦国，国家处于生死存亡之际，它们往往能够联合抗秦，令秦国头疼不已。

鉴于此，秦国不如南下武关，去同楚国争个高下。楚国远在南方，诸侯想要救援并不容易，又不属于三晋系统，韩、赵、魏等诸侯国也不会真心救援，这样一来，秦国攻占楚国的一寸土地，便可以得到楚国的一寸土地，看似劳师远征，实际上能把利益固定化，长久计算是划得来的。秦昭王决定集中精力向楚国进军。

偏偏此时，楚国突然倡导合纵，想要联合诸侯国攻打秦国，这样一来恰恰给了秦国出兵的口实。那么楚国为何要联合各诸侯国攻打秦国呢？这还要从一位善射的猎雁人说起。

第九章 四面出击

哀郢

楚国有一位射手，射箭的手段非常高明，他经常用力量不大的弓箭射中天上的大雁。楚顷襄王闻之，非常好奇，便将这位射手宣到宫中，询问射箭的经验。

射手对楚顷襄王说：“小人只是一介武夫，好用弓箭射猎一些小燕、小鸟，这有什么值得一国的大王来学习的呢？大王拥有沃野千里的楚国，不应该玩物丧志，来学习射箭的本领，大王需要考虑的是怎样射猎众诸侯啊。”

射手的一番话更引起了楚顷襄王的兴趣，他没想到一个乡间猎人还懂得国家大事，示意他继续说下去。

这位射手接着说：“大王应该先去射魏国大梁以南的地方，这样就等于射中了魏国的右臂，同时也可以断绝中原的交通要道。然后大王再去射魏国东部的定陶，这样就射中了魏国的左膀。左膀右臂都被射中，魏国的大梁也就不攻自破了。此后您就可以向东去射击齐国，等到齐国也被射伤后，楚国就可向北同燕、赵两国形成合纵之势，此时就可以面向西对付秦国了。

“秦国可是一只大鸟。它地广三千里，背靠着大陆腹地，面向东方站立，左面的翅膀紧挨着赵国，右面的翅膀与楚国接壤，张开大嘴想要吞掉中原。这样的大鸟可不是一下子就能射中的，但是却又非射不可。”

楚顷襄王忙问为什么。射手接着说道：“先王曾被秦国蒙骗进入武关，再回来时已经装进了一具棺椁，国恨家仇再也没有比这大的了吧？像伍子胥那样的普通人，为报杀父之仇，都敢于灭亡一个国家。而大王您拥有的楚国是地广五千里、拥兵上百万的大国，大王怎能对秦国不理不睬呢？”

射手是想用国恨家仇来激怒楚顷襄王。这一招儿果然奏效，楚顷襄王四处派出使者，联络各个诸侯国，准备重新开启合纵运动，联兵讨伐秦国，然而这也正中秦昭王的下怀。秦昭王正想南下伐楚而苦于没有借口，楚顷襄王的合纵来得正是时候。

此时的秦国已经可以兵出两路讨伐楚国：一路为传统路线，由白起率领秦国精锐南出武关；另一路则为新开辟的巴蜀路线，由司马错率领从陇山以西出发，沿嘉陵江、涪江等大的河流顺流而下，到达巴郡和蜀郡。

此时的巴郡和蜀郡早已经成为秦国的兵源地和大粮仓。秦军在此处集结了十万人马以及大量的粮草，用上万艘船舶运载这些士兵和粮草，沿长江而下突袭楚国的后方，楚国不得不分兵救援，因而有效地缓解了白起所率领的秦军主力的压力。

白起利用这个时机，集中全军精锐攻打楚国郢都以北二百里左右的战略要地——楚国的别都鄢郢。

鄢郢在今湖北省宜城市东南，是郢都北面的门户，秦军南下必经之地。鄢郢对于楚国来讲不容有失，但鄢郢对于秦国来讲也是势在必得。“不容有失”与“势在必得”在这里进行了殊死较量。

楚军对鄢郢的防守确实凶悍，秦军久攻不下，白起便采取了非常规手段。他在鄢郢的西北向鄢郢方向挖了一条长渠，将水自西北向东南灌入鄢郢。鄢郢顿时成为一片泽国。水火无情，洪水的伤害是无差别的，城中的楚军与老百姓被淹死冲走数十万人。秦军这才得以进入鄢郢——与其说鄢郢是被攻下的，不如说鄢郢是被毁灭的。

楚军对于鄢郢的守卫是孤注一掷的，经过此次巨大的失利，楚军主力伤亡殆尽，再也组织不起有效的防御。

白起率领的秦军在楚国境内肆虐纵横，接连攻克多座城邑，甚至攻打楚国的都城郢都也是不费吹灰之力。楚顷襄王弃城而走，跑到楚国东边的国土上去了。楚顷襄王在陈地重新建立了都城，延续着楚政权。但是楚国经此打击，国力日衰，对秦国勉强有招架之功，已经绝无还手之力了。

在攻占郢都之后，白起继续向西攻打夷陵，在这里截断了郢都与西边巫郡之间的通道。夷陵是楚国先王陵墓所在。为了在精神上羞辱打击楚军，秦军烧毁了楚国先王的陵墓，捣毁了祭祀先王的宗庙。

继而白起率领大军向南，攻掠到了洞庭湖一带，而且还派了一支军队攻掠郢都以东的土地。在大约两年之内，白起占领了以郢都为中心方圆数百里的土地，他也因功被封为武安君。

强大的楚国为何会落得国都沦陷的下场？后世的人们总结为“百姓心离，城池不修，既无良臣，又无守备”。楚国是真的没有良臣吗？当然不是，只是有良臣楚王却不用罢了。就在郢都被攻破之时，被流放在南方汨罗江畔的屈原闻听这一噩耗，含泪写下了一首楚辞《哀郢》：

皇天之不纯命兮，何百姓之震愆？

民离散而相失兮，方仲春而东迁。

去故乡而就远兮，遵江夏以流亡。

出国门而轸怀兮，甲之鼂吾以行。

发郢都而去闾兮，怊荒忽其焉极。

楫齐杨以容与兮，哀见君而不再得。

……

人们认为这是楚辞中最凄婉的一首，读起来一字一泪。

当年楚怀王没有听屈原的劝说，执意入武关与秦昭王相会，最终没有活着返回楚国。楚顷襄王继位之后，罢免了屈原三闾大夫的职位，将其流放到江南。十多年来，屈原在江南辗转各地，最后落脚在汨罗江畔。随后，不利的战报像雪片一样传来，楚军处处挨打，国土大片陷落，楚国已到了亡国的边缘。

屈原的精神彻底崩溃了，他实在不想亲眼看到自己的祖国就这样灭亡，就在当年（公元前 278 年）的阴历五月五日，投汨罗江自尽殉国。

华阳之战

屈原在听到郢都被秦国攻占的消息后精神崩溃以死殉国，他的死既是对楚国一败涂地的绝望，也是希望以此警醒楚国统治者能够重新振作，恢复楚国往日的声威。

而楚国的对立面秦国，虽然攻占了郢都，但暂时没有灭亡楚国的能力。秦国所能做的一是要巩固新攻占的楚国土地，使之完全转化为秦国国土，而不是秦国占领楚国的领土；二是楚顷襄王听了善射者的建言，已经和其他诸侯国结成合纵，秦国必须想方设法破坏这一合作局面。

在对楚国的战争结束后，秦国又开始将自己的战车驶向三晋国家。如今三晋国家赵国最强，韩国最弱，魏国居中。秦国的第一支箭应射向谁，这不得不说是一个值得深思熟虑的问题。

最终，秦国选择了魏国。三晋国家中赵国最强，内有贤臣外有名将，秦国暂时不想同赵国硬碰硬针锋相对。韩国最为弱小，且已经臣服于秦国，打韩国似乎不能解决拆散合纵联盟的问题，最多仅能侵占一些土地而已。而魏国地处在三晋国家之中，中原要冲位置。

秦国已经占领了原先属于宋国的陶邑。可是陶邑处在东方，同秦国本土并不相连，打击魏国，夺取通向陶邑的土地，就可以使陶邑与广阔的秦国本土连成一片，并成为插入中原、插入东方的一把尖刀，阻隔合纵联盟的南北联系，进而达到破坏合纵联盟的目的。

公元前 276 年，秦国以白起为将，率兵攻打魏国，接连攻陷两座城池。

转过年来，秦国又以魏冉为主帅率兵伐魏，同样攻陷了两座城池。此时韩国派大将暴鸢来援助魏国。秦军毫不费力地击败了韩军，魏国在无奈之下割让八座城邑与秦讲和，但是秦国不依不饶，继续向魏国都城大梁进犯，很快打到今河南省郑州市以北的北宅，并迅速包围了大梁。

魏国的大梁城已经多次被秦军包围，都是依靠外国军队的救援才得以转危为安。此次韩国军队已经被击败，燕、赵等国军队又不来救援，魏王非常沮丧，希望再次割地同秦国讲和。

魏国的一位长吏对魏王说："魏惠王时，我们魏国曾攻打赵国，甚至拿下了赵国的都城邯郸，但是赵王就不肯割地同我们魏国讲和，最终魏国还是被迫放弃了邯郸，最后赵国的土地全部被收复。当初齐国攻打卫国，曾经攻破了卫国的国都，但是卫国就是不割让土地，最终齐国也只得退兵。赵国和卫国为什么被打败还不至于损失土地？就是因为它们能够坚持抵抗，对自己的每一寸国土都很爱惜。

"而宋国和中山国则不然。它们一遭到大国的攻击，就以割让土地来缓解眼前的危机。虽然能够暂时转危为安，但是慢慢地它们的国土越来越小，国力也越来越弱，最终被大国所歼灭。

“我们魏国如今面临秦国的侵略，也应该学习当年的赵国与卫国，坚决抵抗，寸土不让，更何况我们即使现在向秦国割让土地，贪得无厌的秦国也不见得就会撤兵。我们不是已经向秦国割让八座城邑了吗？秦国还没有完全在这八座城邑站稳脚跟，就又继续来攻打魏国了。像这样凶恶暴戾的国家，我们割让多少土地才能使它们心满意足呢？

“况且，如果我们同秦国讲和，就背弃了我们同楚国与赵国所签订的盟约。到那时，即使秦国撤兵，楚国与赵国也会以此为借口再来攻打我们。魏国遭到这么多大国的轮番攻击，难道还能不亡国吗？所以我们千万不能同秦国讲和，不能在秦国与合纵联盟之间摇摆不定。我们一定要死守大梁，和秦军一拼到底。”

魏王觉得非常有道理，就派大夫须贾到秦国兵营向秦国主帅魏冉表示魏国坚决抵抗。须贾见到魏冉后，对魏冉转达了魏国军民上下一心誓死保卫大梁的决心，并对魏冉说：

“秦国军队战胜了韩国的暴鸢，得到了魏国割让的八座城邑，并非秦国军队势不可当，只不过是一时侥幸罢了。但是幸运不可能总在秦国军队这一边，现在魏国已经调集全国一百多个县的军队来拱卫大梁，人数不下三十万。大梁的城墙有七丈高，以三十万的军队来守卫七丈高的城墙，我们又有保家卫国的决死之心，而秦国军队已连续在外征战许久，师老兵疲，这样的军队难道一定有把握攻克大梁吗？一旦和魏国彻底翻脸，又不能彻底消灭魏国，那秦国在大梁以东的陶邑必然会丧失，到那时秦国可就前功尽弃了。”

须贾大夫说别的魏冉倒并不太在意，但说到了陶邑不能不使魏冉担心，陶邑可是魏冉的封地。须贾说得不错，一旦秦、魏两国彻底翻脸，秦国又不能拿下大梁，等到秦国退兵后，魏国必然出兵攻打陶邑。陶邑同秦国本土不相连，是秦国在东方的一座孤城，必然会陷落。那样一来不但是秦国的损失，更是魏冉的损失。

须贾接着对魏冉说:“魏国同楚、赵两国早已结成同盟，楚、赵两国不可能坐视魏国灭亡不管。如今依我看，不如秦国趁着楚、赵两国军队还没有发动之际，就同魏国讲和。魏国现在正是犹豫不决的时候，如果秦国主动讲和，魏国一定会贡献一些土地给秦国，这样虽然秦国得到的土地不多，却能够同魏国结成同盟，也就拆散了赵国、魏国、楚国之间的合纵。赵国与楚国必定会争相同秦国和好。

“到那时，一切主动权就都掌握在秦国手中了。秦国想要去攻打哪个国家，其他国家也不会去救援。秦国就可以将赵国、楚国各个击破。赵国、楚国如果都臣服于秦国，那时秦国再让魏国献出土地，还用派出大军劳师远征吗？我看大可不必了。

“秦国不用费一兵一卒，就可以让魏国献出土地，使秦国的国土同东方的陶邑相连，不但确保了陶邑的安全，还能将原先属于宋国的国土全都并入秦国。秦国何必在此时非要冒险强攻大梁这座坚城呢？”

须贾大夫的这番话，看似处处为秦国着想，实际上是让秦国暂时放弃攻打大梁，至于以后他为秦国谋划的那些战略能否实现，根本就不是须贾需要考虑和负责的事情了。

而对于魏冉来讲，他所率先考虑的，是一定要保障他自己的封邑陶邑的安全，至于能不能攻下大梁，不是他的首要目的。

能攻下自然是好，可以目前的形势来看，正如须贾所讲，秦军是很难攻下大梁的。倒不如退而求其次，寻求一个稳妥的措施，让魏国割让一些土地给秦国，对此次出兵也算有了一个交代。

于是魏冉答应了须贾的建议，不再围攻大梁，同魏国讲和结盟。作为回报，魏国将温邑（今河南温县）割让给秦国。

对于魏国来讲，同秦国结盟只是兵临城下的权宜之计。魏国人心里非常清楚，秦国是虎狼之国，一心想要并吞魏国。同秦国结盟，无异于与虎同眠，随时都有被吃掉的危险，所以秦国退兵后，魏国马上转而同齐国交好。

秦国的陶邑就在魏国与齐国之间，魏、齐两国交好，陶邑无异于处在敌人包围之中，随时都有陷落的危险。秦国再次派出魏冉，以魏国背盟为理由攻伐魏国，夺取了魏国上蔡、中阳等四座城池，斩首魏军四万余人。

魏国无力抵抗秦国，便把气撒在秦国的小弟韩国身上。韩国身为三晋国家，不同魏、赵一同抗秦，却一头倒向秦国怀抱，这一做法深深得罪了赵、魏两国。公元前273年，赵、魏两国联合攻打韩国重镇华阳（今河南新郑北）。

韩国哪是赵、魏两国的对手，火速向自己的老大秦国求援。秦国虽然与韩国是同盟国，但是秦国希望赵、魏、韩三国混战，以此削弱三国的力量。这样一来，韩国必然会更加衰弱，更加依赖秦国，而赵、魏两国也会受到削弱，将来秦国再攻打赵、魏两国，自然能够轻松一点。基于这一私心，秦国坐山观虎斗，按兵不动，丝毫没有救助韩国的意思。

韩国多次向秦国派出使节，秦国就是不肯发兵。眼看韩国重镇华阳危在旦夕，韩国派出田苓为使节再一次出使秦国。田苓见到了魏冉，魏冉慢条斯理地向田苓问道："韩国派田苓大夫您出使秦国，是不是韩国已经到了危急存亡的紧要关头？"

田苓答："韩国还未到危急存亡的紧要关头，不然韩国就直接投靠赵、魏两国了，也不会千里迢迢来秦国求救。"

魏冉点了点头，明白了田苓的意思，如果秦国再不出兵，韩国恐怕就要投降赵、魏两国了。

火候到了。魏冉马上派白起还有一位叫胡阳的客卿共同率兵解救韩国的华阳城。兵贵神速，秦国军队不出动则已，一出动便是急行军，在八天之内就赶到了华阳城下。

华阳城下的魏、赵联军，根本没想到秦军会神兵天降。对不知从哪里冒出来的秦国大军，魏、赵两国军队没有做好作战准备，一下子便被秦军击溃，联军损失十余万众，甚至有两万赵国军队被白起沉于河中。

秦军攻占了魏国多处城邑。当然对于韩国，秦国也不是白救的，战后立刻要求韩国割让一部分土地作为酬谢。

就这样，秦国又得到了韩、魏两国的大量土地，秦昭王将这一部分土地与早先得到的楚国上庸的土地合并在一起，成立了南阳郡。

黄歇的书信

在华阳之战取胜后，魏国再次屈服于秦国，秦国便纠集了魏国与韩国，准备共同讨伐楚国。

当时楚国的使者黄歇正在咸阳。黄歇清楚现在秦国国力强盛，而楚国刚刚被秦国打败不久，元气还没有恢复，秦国在此时纠集韩、魏两国共同伐楚，对于楚国的威胁是非常大的，他要想方设法不遗余力地阻止秦昭王的这一军事行动。

此时秦昭王的军事动员令已经下达，白起正在日夜准备，只是还没有出征。黄歇连忙向秦昭王上书，在书信中写道：

尊敬的秦国大王：

如今秦楚是天下最强盛的两个国家。秦楚作战就好比二虎相争，恐怕要让赖狗趁机得利。外臣以为物极必反。冬天到了最冷的时候就会慢慢转暖，夏天到了最热的时候就会慢慢转凉，堆积棋子达到一定高度就会坍塌倾覆，都可以说明这个道理。

现在秦国的国土面积广大，自古以来还没有谁能控制这么大的国土面积，即使是以前的周天子也没有做到过。秦国历代先王包括大王您，都希望将秦国的国土向东同齐国相连接，这样就可以拦腰斩断诸侯的合纵。

大王派人到韩国任职，将韩国的土地并入秦国，又派军攻打魏国，堵塞魏国国都大梁进出的通道，攻下了魏国大量的土地。魏国的军队如风吹白云般四散，魏国的国土也七零八落相互不能救援。

经过多年的努力，大王终于打通了秦国通向齐国的通道，阻断了楚国与赵国的联系。各诸侯国多次合纵伐秦，都没有达到目的，反而使秦国越来越强盛。大王的功绩可以说是亘古未有，大王的威德也达到了顶点。

但是大王不要忘了,《诗经》里有一句话:“匪不有初，鲜克有终。”春秋时期的吴国是多么强盛，它向北与各诸侯国争夺中原霸权，但忘记了在它后面有一个看似弱小的越国。

吴王夫差轻信了赵王勾践的那些恭维话，离开了自己的国家同齐国在艾陵作战。虽然吴国在艾陵取得大胜，但最终越国偷袭吴国。吴国居然在最强盛的时候突然灭国了。

远的不说，再说晋国的智氏。智伯曾经纠集韩、魏两家共同讨伐赵氏，在战争打到最关键的时刻，眼看赵氏就要灭亡的时候，韩魏两家突然反水，联合赵氏向智伯反戈一击，最终智伯的头骨成了赵襄子的酒器。

此事离现在不过一百多年，大王要深以为戒。如今大王联合韩魏两国共同讨伐楚国，情形和当年智氏联合韩魏共同讨伐赵氏何其相似。韩赵两国虽然同秦国结盟，但根本不是同秦国一心，它们不希望秦国强大，所以也就不希望秦国打败楚国。

大军不能远征攻伐的道理人人皆知。因此上面说楚国是秦国的外援，而韩魏这样的邻国才是秦国的敌人。大王如今相信韩魏两国与秦国亲善，就像当年吴王相信越国与吴国亲善一样，恐怕韩魏两国是在欺骗秦国。何以见得呢?

秦国对韩魏两国从来没有恩德，反而积累了数代的仇怨。韩魏两国民众接连多少代都死在秦国的战车之下。他们上至将帅下至士卒，有多少人身首异处？有多少人暴尸荒野？又有多少人双手背缚，成了任人凌辱的俘虏，成了任人使唤的奴隶？可以说不计其数。

如今韩魏两国山河破碎，国家败落，宗庙颓废，老百姓背井离乡，骨肉分离，这些都是拜秦国所赐。韩魏两国上至君王下至百姓，恨秦国恨之入骨，而大王不以此为患，却驱使它们协助秦国一同攻打楚国，这样能够取胜吗？

何况楚国平坦的沃野紧邻韩魏两国，高山峡谷才与秦国接壤。大王若想出兵，必定要取道韩魏两国。如若不然，大王只能从随水的右边攻击楚国。这一带山峰高耸，幽谷深邃，水流湍急，几乎没有居民居住，更没有粮食补给。大王即使占领了这里，也相当于没有占领土地。大王何必落一个攻伐国家的名声却得不到任何好处呢？

大王若想占领楚国的膏腴之地，必须要借道韩魏两国。那时即使大王击败了楚国，楚国的膏腴之地也不会被秦国占领，而成了韩魏两国的囊中之物。楚国在泗水一带的土地，也会被齐国趁乱攻取。

那时齐国在南以泗水为边境，向东背靠大海，向北则以黄河为池，齐国完全没有了后顾之忧，就会向西与秦国争夺天下。魏韩等国见大王取胜，唯恐秦国过于强大，就会同齐国联合，尊齐国为帝，共同对付秦国。大王击败楚国，却使得齐国强盛起来，这又是何必呢？

依我看大王不如同楚国友好，秦、楚两国一个在西北一个在东南，共同夹击韩、魏两国。到那时韩、魏两国必不敢轻举妄动。它们担心被秦、楚联合攻击，一定会更加臣服于大王。韩、魏两国不敢对付秦、楚，只能向齐国索取土地，这样韩、魏、齐之间就会相互攻伐。而燕、赵等国没有了齐、楚等国作为外援，也就不敢同大王作对。

到那时，大王虽然没有出兵，却制服了所有诸侯国，这样有多好呢？

楚国使节黄歇再拜

秦昭王读了黄歇的书信，觉得非常有道理，当即传旨，让白起停止战争准备，取消对楚国的作战计划，并派出使节携带厚礼去同楚国结盟。

黄歇最终避免了秦国同楚国的战争。他返回楚国后，楚顷襄王为了加强同秦国的友好关系，派黄歇带着太子熊完到秦国去做人质。

赵奢救阏与

既然已经同楚国结盟，韩、魏两国也已经屈服，秦昭王只能将自己的战车开向赵国。

早在华阳之战结束后不久，秦国统治阶层对秦国国力进行了重新评估，认为自己已经完全可以同赵国针锋相对地大干一场了。毕竟在华阳之战中，赵、魏联军是那样不堪一击，甚至有两万赵军被白起溺于河中，这样看来赵军也不过如此。

秦国决定拿赵国开刀，这是一个非常大胆的决定。

此时赵国国力雄厚，风头正劲。廉颇、乐毅等名将都为赵国或开疆或守土，蔺相如、赵奢等臣子也都在为赵国兢兢业业地处理内政。赵国对同自己接壤的齐国与魏国征伐不断，先后占领了大量国土。

就在秦国准备征伐赵国的时候，赵国还攻陷了齐国的昌城、高唐等城邑。其中昌城在今山东省淄博市东南，已经离齐国都城临淄非常近了。

赵国不但自己攻城略地，还在想方设法尽一切可能阻止秦国的扩张。每当秦国同其他诸侯国打仗，都会有赵国援助的影子，可以说赵国是秦国的眼中钉、肉中刺，但是想拔出来绝没那么容易。

公元前 270 年，秦国派将领胡阳跨越韩国的领土上党郡，东到太行山西麓的赵国阏与地区。阏与在今山西省和顺县西北，从这里跨过太行山就可以威胁赵国在华北平原上的领土，甚至可以直指邯郸。

赵惠文王在朝堂上问众多将领是否可以派兵去救援阏与？以廉颇为首的大部分武将一致认为：阏与地处太行山区，从邯郸到阏与要穿越太行，山高路远，很难救援。

赵惠文王心中很是忧虑，又来征求赵奢的意见。赵奢则认为，阏与山高路险不假，但是对于秦国来讲，有着同样的地理劣势。这样就是狭路相逢勇者胜，像两只老虎在山洞中厮打，所处的环境、所拥有的客观条件是相同的，哪个勇猛哪个就能取胜。

听赵奢这样一说，赵惠文王心中才多少有了一些底气，于是给了赵奢一支将令，派他率兵去救援阏与。

赵奢也是战国名将之一，但是他并非武将出身。赵奢原先是赵国税务系统的一名官员，负责征收田税。当时平原君赵胜势力非常大，他家的人不愿意按照律法交纳田税。赵奢秉公执法，接连处决了平原君的多位管家。

平原君知道后非常恼怒，将赵奢捉住准备杀死。赵奢对平原君说：

“您贵为赵国的王室公子，就应带头遵守赵国的法令。如果您不遵守法令，其他人也会效仿，这样法令就成了一纸空文，大家都不遵守法令，国家就会受到削弱，那时其他诸侯国就会趁机来攻打赵国。待到赵国灭亡了，您还是王室公子吗？还有谁来保护您的地位和财产呢？

“如果您带头遵守法令，其他人更加不敢违背法令，这样赵国的国力就会蒸蒸日上，天下诸侯国都会尊重赵国，也会尊重您，不但您的财产不会受到损失，您的地位还会提高。这样的道理难道您不明白吗？”

这一番话说得平原君赵胜心悦诚服，他认为赵奢是治国安邦的良才，就将他推荐给了赵惠文王。赵惠文王得到赵奢后也非常器重。

赵奢本是收税的官吏，赵惠文王就让他掌管赵国所有的赋税。他上任后，果然非常有政绩，赵国仓廪实、国库盈，百姓也安居乐业。

后来，赵奢逐渐由文官系统转入武将序列，曾经多次带领赵军外出打仗，并获得胜绩，曾在公元前 283 年率军攻取齐国的麦丘（今山东省商河县西北）。

但是，赵奢并没有打过硬仗，与廉颇在赵军中的地位还是有不小的差距。今日廉颇都认为救援阏与没有取胜的把握，话里话外是在委婉地劝说赵王放弃此地。而赵奢则表现出狭路相逢勇者胜的勇气，确实有些出乎赵惠文王与廉颇等将领的意料。然而接下来的事情更加出乎赵国君臣的意料：赵奢率领着赵国大军刚刚离开邯郸三十里就停下来不走了。

秦国军队听说邯郸向阏与派出了援军，就另调出一支人马，进军到邯郸西面的武安地区，他们在城外击鼓喊杀，连武安城内的屋瓦都被震落。秦国军队想以此恐吓邯郸的援军。

赵奢率领着赵国大军果然停了下来，表现出一副裹足不前的样子。赵奢还传令：军中如有人向我进谏，就处以斩刑。有一位将领实在看不过去赵奢畏首畏尾的样子，就向赵奢建议，赶紧率军援救武安，击退秦军后一鼓作气救援阏与。

赵奢二话未说，就将这位进谏的将领斩首。这下子再也没人向赵奢建议了，赵奢原地不动驻守了二十八天。每天就是高筑营垒，巩固防御工事，向秦军传达出自己只想拱卫邯郸，并不谋求救援阏与和武安的样子。

秦军派出间谍去赵国营地查看情况，不小心被赵国军士抓住。赵奢不但不将其处死，还对其好吃好喝好招待，恭敬地款待一番后将他送回秦国大营。

间谍回营后，如实向秦国将领报告了赵国援军的情况，包括主将胡阳在内的秦国将领都以为赵奢畏惧秦国，不敢同秦军作战，自大轻敌的情绪充斥着秦军大营。

而赵奢所做的一切都是为了迷惑秦军。放走秦国间谍后，赵奢突然升坐大帐，命令所部卸掉铁甲，轻装前进，迅速向阏与进发，仅用两天一夜的时间就抵达阏与前线。

直到距阏与五十里时，秦军才发现赵国援军，他们仓促前来应战。赵奢派军一万抢占了战场北面的制高点，并以善射之士居高临下攻击想要夺回制高点的秦军。阏与的赵国守军也悉数出城攻击秦军。秦军大败，不得已撤兵而去。

阏与之战是秦国军队与各诸侯国作战中少有的重大败绩。秦军撤退后并不甘心失败，不久之后卷土重来，这次他们调整了进攻方向，攻打位于今河北省大名县东南的几地。这一次是老将廉颇出马，他率领赵军再一次大败秦军。

秦国两次攻打赵国的军事行动都没有得手，接二连三的重大挫折，使秦昭王开始思索秦国所存在的问题。他认为秦国到了再一次求变的时候。偏巧就在这个时候，秦国出使外国的使臣王稽从魏国带来了一个名叫张禄的人。

第十章 远交近攻

张禄先生

王稽向秦昭王汇报完有关出使的工作后，对秦昭王说：“回禀大王，此次出使魏国，从魏国带回来一位叫张禄的先生，此人是一个难得的人才。他对我说，秦国现在的处境非常危急，但他有办法可以使秦国转危为安。书信不足以说清楚问题，希望大王能够召见他面谈。”

秦昭王并不相信张禄托王稽带来的这番话，以为张禄只不过是一个夸夸其谈的辩士，希望以危言耸听获得一些俸禄。这样的辩士秦昭王实在见过太多了，于是秦昭王就让张禄居住在馆驿中，每天只给他一些粗粝的饭食，根本不打算召见他。

当时秦国的内外部环境都不是特别好。在外刚刚被赵国打败，而秦国内部，虽然秦昭王已经在位三十六年，应是一位五十多岁的老人，但他的母亲宣太后却仍然健在。秦昭王的两个弟弟泾阳君与高陵君依靠宣太后的权势，拥有大量的封地，他们的个人财富甚至超过了国家。宣太后的弟弟穰侯魏冉更是大权在握，把持着秦国国政，并利用手中的权力频繁对外战争，目的却不是为秦国扩张领土，而是为自己扩张封地。

面对这种局面，秦昭王也是忧心忡忡，但并不清楚该如何是好。张禄在秦国居住一年多，耳濡目染，对秦国的国政弊端深有了解，而秦昭王却不肯召见自己，心中有一番话却无法言讲。万般无奈，张禄只好提起笔来给秦昭王写了一封信。在信中，张禄写道：

尊敬的大王：

草民听说圣明的君主理朝政，有功之人不可不赏，有才之人不可不用，劳苦的臣子俸禄多，功高的臣子爵位重，有才干的臣子官职大。只有这样，没有才干的人才不敢尸位素餐，有才干的人也不会被埋没。

草民在咸阳住了一年有余，时刻希望得到大王的召见。如果大王愿意认真听一听我的主张，那么大王随时可以宣我觐见。如果大王并不想听我的主张，我多留在此地也无益。庸碌的君主奖赏他所喜爱的人，而惩罚他所厌恶的人，圣明的君主并不以自己的喜好来决定奖惩，他只会奖赏有功的人，惩罚有罪的人。大王您可能不喜欢各诸侯国来的辩士，但是这不代表我就对秦国无用。我的胸膛受不住铡刀，腰腹也受不住板斧，如果没有对秦国有利的主张，我也不敢轻易来到咸阳。即使我是一个微贱的人不能得到大王的重视，难道王稽大夫的推荐大王也不重视吗？

当年楚国的和氏璧不过是产于山中的一块石头，上好的玉工都不能认识它，但是它终究成了天下至宝。虽然我是一个被大王这样的明君所摒弃的人，但是我自认为还有能够使国家强大的办法。那些善于为自己牟利的大臣，是在自己的国家里打主意，而那些善于为自己国家谋利的大臣，则是在其他诸侯国身上打主意。我要向大王说的话既深奥又隐晦，恕我不敢直接写在书信中，只有当着大王的面我才敢说出来。希望大王能够抽出一点时间，让我拜谒您。如果您同我谈话之后，觉得我说的话毫无意义，可以马上处死我。

草民张禄顿首

秦昭王得到这封信后感到一阵惊喜。张禄话里话外，似乎在说目前秦国有权臣当政，损公肥私，在秦国身上打主意以增加自己的利益，这些话正戳中秦昭王的要害。他马上派人用车接张禄到秦国的离宫相见。

张禄进入离宫后，故意闯入通往后宫的通道。守门的太监吓了一大跳，赶紧驱赶张禄。此时正值秦昭王从内宫出来，守门的太监呵斥道："大王来了！赶快闪开！"

张禄却针锋相对："我只知道秦国有太后和穰侯，哪里来的大王！"

秦昭王听到张禄如此说，就知道这话是说给自己听的。他赶紧来到张禄面前，恭恭敬敬对张禄说：

"先生来到咸阳一年有余，寡人早想向先生请教。无奈这段时间正在处理义渠的事情，寡人随时都要向太后请示汇报，实在脱不开身。如今义渠已经平定，寡人才将先生请进宫来向您请教。寡人愚钝糊涂，请允许我向您施礼道歉。"张禄听秦昭王如此说也赶紧还礼。

秦昭王提到义渠，在这里也要交代一下。

我们曾经提到，在公元前 314 年，秦惠文王出兵攻打义渠，夺得了义渠二十五座城池。义渠元气大伤，远遁到陇山以西。但是义渠并未灭亡，时刻在秦国后方威胁着秦国安全，这使得秦国每次以主力出兵同中原各诸侯国争霸时，总是要对深藏在秦国背后的义渠心有忌惮，但是秦国暂时没有实力攻灭义渠。

秦昭王继位时，义渠王来到咸阳进行祝贺。宣太后居然同义渠王一见倾心，两人私通，并生下两子。因这一层关系，义渠一直没有同秦国发生大的摩擦。

就在张禄入秦的那一年，秦昭王与宣太后商议，哄骗义渠王再次来到秦国。当时宣太后经常居住在渭河南岸的甘泉宫。义渠王便到甘泉宫来觐见宣太后。就在甘泉宫中，宣太后与秦昭王将义渠王杀死。随后秦军大举进攻义渠，并最终将义渠灭亡。秦昭王对张禄说近一年来在处理义渠的事情，便是指此而说。

远交近攻

秦昭王知道张禄有密言要对其说，便屏退了周围众人。当时的人们都是跪坐在地上交谈，秦昭王以两膝支地，往前探着身子，非常急迫地问道：

“先生远道而来，有什么要教授寡人的吗？”

张禄只是“唯唯”作答，并不敢讲其他。

秦昭王如此连续问了三次，张禄都只是唯唯诺诺。

最后秦昭王有些急眼：“先生果真没有要教授寡人的吗？”

张禄一看是火候了，才慢慢说道：“非也，只是草民不敢说罢了。当年姜太公只不过是渭水边的一位钓客，周文王访贤，在渭水边见到了姜太公。二人当时并无交往，却能深入地探讨国事。一次会面，文王便拜姜太公为太师，同车而归。后凭借姜太公的功劳，周朝奄有天下，若当年二人不深入交谈，恐怕周文王、周武王也不能成其王业。

“今日草民也是身在逆旅之人，同大王您也并无交往。我所要陈述的事也都是成就王业的军国大事，之所以不敢同大王深入交谈，是因为我虽然愿意效忠，但不知大王心思如何。

“如今大王一而再再而三恳请我说话，那我就仗义执言，即使今日说完一番话，明日便伏诛，我也绝不躲避，绝不后悔。但臣死不足惜，我担心万一我被大王您所杀，则天下贤能之士见我如此忠心却反被杀害，便都不敢前来秦国投奔大王了。

“这样一来，大王上畏惧于太后的严厉，下则受到奸臣的魅惑，只能居于深宫之中。长此以往，恐怕往大了说要使社稷倾覆，往小了说也要使大王自身危险，这是我所最担忧的事情。至于我自身的荣辱生死，毫不畏惧，即使我死而秦国得到大治，我也心甘情愿，虽死无憾。”

张禄说了这么一大番话，其中心思想无外乎就是一点，为接下来所要说的话寻求一个安全的保障，给秦昭王打打预防针，希望不要因言获罪。

此时的秦昭王已经非常焦急，频频向张禄做出保证：

“张先生何出此言！秦国地处偏远，寡人愚钝不肖，先生能够来到咸阳，那是上天对寡人的恩德，不抛弃我这个孤家寡人，先王的宗庙赖此以保存，先生又何必出此言呢？事无大小，上至太后下至大臣，先生尽管说，请不要怀疑寡人。”

话说到这份儿上，秦昭王已经表现出了百分之一百二的真诚。可是张禄仍然心存戒备，他没有直接把矛头指向太后和穰侯魏冉等权贵，而是先将秦国夸奖了一番，然后旁敲侧击地变相批评魏冉的执政政策：

“秦国有四塞之险，形势对秦国有利则秦国可以出击，形势对秦国不利则秦国可以退守，这是天下任何一个诸侯国都没有的地利。秦国民众怯于私斗，却勇于为国而战，这是天下任何一个诸侯国都没有的人和。大王拥有这样的国土和这样的民众，完全可以成就霸王之业。但是如今大王却屡屡被赵国打败，这是为什么呢？草民窃以为大王有失策的地方。”

“寡人在何处失策了呢？”

“穰侯跨越韩、魏两国而去攻打齐国，并非得当的举措。”张禄一句话点出了魏冉的过失，“若秦军出兵较少，则不足以伤害齐国。若秦军出兵较多，反而会让秦国劳民伤财。况且即使击败了齐国，齐国离秦国遥远，秦国也不可能将齐国的国土并入秦国，这对秦国有什么好处呢？当年齐闵王向南攻伐楚国，破军杀将开地千里，但是齐国连尺寸土地都没有得到，这是为什么？就是因为齐闵王所攻伐的地方离齐国很远，而离韩、魏两国很近，最终齐国付出了努力和代价，反而让韩、魏占了便宜，兼并了楚国很多土地。如今大王做的事情和当初齐闵王做的事情一样。”

“那寡人应该如何做呢？”

“依草民来看，大王不如远交而近攻，就近攻伐韩、魏两国。这两个国家都同秦国接壤，大王打下一寸土地，秦国便增加一寸土地，大王打下一尺土地，秦国便增加一尺土地。韩、魏两国地处中原要冲，天下交通的中枢地带。降伏了韩、魏两国，就可以威胁楚国、赵国和齐国，这样才能稳扎稳打成就霸王之业。”

“寡人一直想同魏国亲近友好，但无奈魏国是个反复无常的多变之国，我早上同他友好，晚上他就叛我而去，请问我怎样才能降服魏国呢？”

“像魏国这样的国家，大王卑辞厚礼来收买他不可行，大王割让土地来收买他同样不可行，只能举兵去攻伐他。”张禄答道。

秦昭王点头称是，将张禄拜为客卿，参与军机。

在张禄的谋划之下，秦国连续两次对魏国用兵，都取得了胜利。

读到这里，看官可能会问，张禄是魏国人，即使他来到秦国为秦昭王效力，又怎么会对自己的祖国魏国没有半点的感情，怂恿秦昭王率先拿魏国开刀。要解释这个问题，还要从张禄的身世说起。

厕所逃生

这个自称张禄的魏国辩士向秦昭王撒了谎。他本不叫张禄，而是叫范雎。张禄只是他为逃难而取的化名。

范雎的确是魏国人，他有为魏王游说诸侯的志向，但是却因出身卑贱，既无法见到魏王，又凑不够自己周游列国的路费。无奈之下，范雎只能投靠大夫须贾，在其门下做了一名门客。

范雎头脑灵活，能言善辩，须贾表面上对他很是器重，但暗地里却对他心怀嫉妒。

一次，须贾奉命出使齐国，将范雎带在身旁。二人到齐国之后，外交事宜办得非常不顺利，两人在齐国国都临淄滞留了数月。齐襄王对须贾这位魏国来的使节无感，却对须贾的随从范雎很感兴趣。

他听说范雎是一位善辩之士，很有一番治国理政思路，就想同范雎结交，派人赐给范雎黄金十斤和上好的牛肉美酒。

作为外国使节的随从，范雎自然不敢收受齐国大王的礼物。范雎虽坚辞不受，但此事却被须贾得知。须贾醋意大生，自己身为使节，想见齐王都很困难，想不到齐王却主动结交自己的随从，分明是不把自己看在眼里。

须贾当然不能向齐襄王撒气，于是将一腔醋意倒给了范雎。他将范雎臭骂一顿不说，还怀疑范雎里通外国，将魏国的机密告诉了齐国。对此，范雎自然是矢口否认。

回到魏国后，须贾将此事告诉了魏国国相公子魏齐。魏齐闻听大怒，不问青红皂白，让人鞭打范雎。开始还是鞭打，后来直接上了拳脚，范雎的肋骨被打断，牙齿被打掉，魏齐还没有住手的意思。

范雎心中暗想，如此下去必然毙命堂上。不如早些装死，或许还能捡条活命。开始时范雎还大声喊叫，慢慢地范雎声音渐弱，最终既不出声也不动弹了。

魏齐以为范雎已经死去，就命人用席子将其卷起，扔到厕所之中，命人在此守卫，看看范雎是真死还是假死，然后魏齐若无其事地同宾客继续饮酒。

有些宾客喝得酩酊大醉，就到厕所中故意尿在范雎身上，甚至须贾也这么做了。范雎受了奇耻大辱，但仍然一动不动。

待到夜深人静，宾客散去，魏齐早已喝得过量。此时范雎用微弱的声音对守卫说："我是冤枉的，如果您能救我出去，以后必厚报您的恩情。"

守卫这才知道此人没死，他见范雎如此可怜，也发了恻隐之心，禀报魏齐说："范雎已死，是否将其扔到荒郊野外？"

魏齐早已醉得失去了判断能力，胡乱点头应允。守卫这才将范雎拖出城外。范雎在大梁有一位好朋友，名叫郑安平。他来到荒郊野外寻到范雎，准备为范雎收尸。想不到范雎还一息尚存，就将范雎藏匿在自己家中为其医治。

多日之后，范雎才渐渐痊愈。为了不被追杀，范雎隐姓埋名，改名为张禄。范雎咬牙切齿，痛恨须贾和魏齐，发誓此生必报此仇。

偏巧此时秦国大臣王稽奉了秦昭王之命出使魏国。郑安平化装成侍者接近王稽。

秦国上至君王下至大臣都有一个优点，就是平日十分留心各国的贤士，无论是有治国之才还是有领兵之能，秦国都愿意为己所用，这也是秦国能最终统一天下的原因之一。此次王稽出使魏国也不例外，在办理外交事宜之外，王稽也非常留心魏国的人才。

王稽在闲谈中询问郑安平："魏国可有贤人愿意同我一起西入秦国去游览一番呢？"郑安平一见机会到来，赶快进言："有一位张禄先生和小人住在同一条巷子里，他想面见大人，聊一聊天下大事，但此人有仇家在大梁，不敢白天露面。"

"那就约他晚上来见我吧。"王稽答道。

这天夜晚，范雎果然来到王稽居住的馆驿，自称张禄，同王稽纵论天下大事。一番谈论之后，王稽发现张禄乃天下奇才，绝不可失之交臂，他对张禄说，请先生明日到秦、魏两国边境的三亭之南等候我，我带先生西入秦国。

第二天，王稽辞别魏王，打道回国，在三亭之南接上范睢一同进入秦国境内。

可是，事情突然发生变化。王稽的车队走了没多久，迎面尘土飞扬，远远过来另一支豪华的车队。

“这是谁的车队？好不威风。”范睢问道。

“张先生有所不知，此乃穰侯魏冉的车队，准备上东方去巡行郡县。”

范睢一听大惊：“秦国上至秦王，下至大臣，都十分愿意结交各诸侯国的宾客。唯独穰侯魏冉害怕宾客夺权，对宾客最为厌恶。我若见他，恐怕会受辱，我还是赶紧藏匿在车中为好。”

说着，范睢躲入了车中。不一会儿，穰侯魏冉车队就到了王稽车队的面前。魏冉钻出车子，向王稽道声辛苦，问道：“函谷关以东可有何变故？”王稽恭恭敬敬地表示没有。

魏冉又问：“王先生没有私带各诸侯国的宾客回秦国吧？”王稽仍然表示没有。

魏冉满意地点点头：“那些油嘴滑舌的辩士只会给国家添乱，没有一点好处，先生千万不要带回。”说着魏冉扬长而去。

魏冉走后，王稽对范睢说：“先生这下可以放心了吧。”

出乎王稽意料，范睢却摇摇头：“听说魏冉是一位智谋之士，方才他忘了搜查先生的车子，我才躲过一劫。走不了多远，他就会想起此事，一定会派人返回搜查。我若还在车内多有不便，我还是下车躲一躲吧。”说着，范睢下车，躲到了路旁的树林里。

范睢刚下车没多久，魏冉果然派骑兵回来搜查车辆，结果当然什么也没搜到。此后，王稽更是佩服“张禄先生”的智慧。就这样，王稽才向秦昭王大力举荐这位“张禄先生”。

这便是范睢入秦的以往经过。

范雎虽然是魏国人，却与魏国国相魏齐、魏国大夫须贾有着血海深仇。他在魏国受到迫害虐待和侮辱，险些命丧厕所之中，经过这样的劫难，可以说范雎对魏国的感情已经非常淡漠了。

他劝秦昭王率先伐魏，不一定就没有公报私仇的成分，但至少也算是公事公办。范雎认为首先攻伐魏国对秦国最为有利，也就毫无感情羁绊、毫无后顾之忧地去怂恿秦昭王了。

范雎拜相

秦国在范雎的谋划下，对魏国接连打了两个大胜仗。秦昭王非常高兴，此时范雎再次进言："秦国同韩国地理相接，犬牙交错，韩国虽小，但却是秦国的心腹之患。秦国如果容忍韩国的存在，就像一棵大树长了蛀虫一样，蛀虫虽小，却可能危及大树的生命。"

秦昭王无奈地答道："我早有收复韩国之心，怎奈韩国不听，时而臣服时而背叛，为之奈何呢？"

范雎答道："大王出兵荥阳，将巩与成皋之间的通道阻断，然后北上太行山，断绝通向上党郡的通道，这样就可使韩国一断为三。大王若再出兵分而破之，韩国必亡，又怎么能收复不了韩国呢？"秦昭王点头称是，开始酝酿向韩国用兵。

范雎（当然，秦昭王此时仍然以为范雎叫作张禄）见秦昭王在自己的策划下屡次对外用兵，都取得了一定成效，应该对自己的话比较信服了，这才敢于过问秦国内政。

他准备说服秦昭王罢免穰侯魏冉，收回以宣太后为首的王亲国戚的权力。只有这样，像他自己这样的客卿才有可能在秦国用事，取得更多的政治权利和更大的成就。

一次，范雎同秦昭王密谈。范雎对秦昭王说："臣当年居住在魏国时，听说齐国有个孟尝君田文，但是却不知道齐国国王是谁。大王您说这是为什么呢？"

"是孟尝君田文的权势太大了，掩盖了当时齐王的锋芒。"

范雎点点头说道："我当年在魏国时还听说秦国有太后、穰侯魏冉、华阳君、高陵君、泾阳君等人，但对大王却不太了解，恐怕也是这个原因吧。"

秦昭王听后非常吃惊，他这才知道其他诸侯国的人是这样看待自己的，示意让范雎继续说下去。

"大王身为秦王，但大王知道什么叫作王吗？能够执掌国柄叫作王，有生杀之权叫作王，有至高无上的威望叫作王。如今太后想做什么就做什么，根本不同大王商议。穰侯魏冉出使外国也不向大王报告，华阳君、高陵君、泾阳君等人晋见或者告退都不请示，这样下去，大王还是什么秦王呢？

"我听说善于治国的人对内要有权势，对外要有威望，现在穰侯假借大王的权威，向外同诸侯国作战。他所攻打的地区都是他的封邑陶邑附近的地区。战争胜了，打下来的土地都归了他自己，战争败了，祸患归于秦国，百姓都埋怨大王。

"一棵树的果实太重了就会压断树枝，压断树枝就会伤到树干。大臣的权势太大了，就会威胁到君主。当年的赵武灵王就是被臣下围困在沙丘宫中活活饿死的，这样的事情大王不得不防啊。夏商周三代之所以亡国都是因为君主只顾着享乐，把权力下放给大臣。大臣嫉贤妒能、欺上瞒下，不为君主考虑，只顾自己的私利，渐渐地君主成了孤家寡人。我非常为大王担忧，长此以往，恐怕将来秦国的主人就不是大王的子孙了。"

秦昭王听后深感恐惧。这次他下定决心，终于废除了宣太后的权力，又收回穰侯魏冉的相印，责令其离开秦国，到他自己的封地陶邑去了。

魏冉垂头丧气地离开了咸阳，准备回自己的封地陶邑去。东出函谷关时，魏冉随身携带的私人财物就装了一千多辆车子。守关人在检查他的车辆时，发现他所携带的奇珍异宝比诸侯国国君还要多。魏冉真可谓富可敌国。

当然，由于魏冉是秦昭王的舅舅，现在又已失去了权力，秦昭王并没有为难魏冉，还是放他回陶邑做富家翁去了。仅仅过了两年，魏冉在陶邑去世。秦昭王将陶邑收回，设置为秦国的郡县。

魏冉自秦昭王继位即开始执掌国政，到被贬谪时，已经掌权达四十年之久，他对于秦国的稳定与强大做出了非常大的贡献。司马迁就认为秦国能向东开拓土地，削弱诸侯，使天下诸侯向西稽首而拜，都是魏冉的功劳。魏冉最后的失势，是因为他私心过重。

他一直促成秦国攻取陶邑，将陶邑化成自己的封地。陶邑是当时天下最富庶的城邑，但是远离秦国本土。魏冉经常让秦国的军队劳师远征，开拓陶邑周围的土地。如公元前 271 年，魏冉让客卿灶带领秦军攻打齐国的刚城和寿城。这两座城邑都挨着陶邑。魏冉的目的不是扩大秦国的领土，而是扩大自己的封地。他梦想有朝一日自己也成为诸侯。他的这些举动成为范雎的攻击点，也成为秦昭王对他的疑点。最终他失去了秦昭王的信任。

我们再说说魏冉的姐姐，秦昭王的母亲宣太后。

此时的宣太后有多大年纪了呢？宣太后的生年无考，但是此时她的儿子秦昭王已经六十岁了。照这样算来，即使宣太后在十五岁生下秦昭王，她也已经是一位将近八十岁的老人了。

面对失去权力的打击，宣太后的身体每况愈下，仅仅过了一年，就生了重病。

宣太后有一个心爱的面首，叫作魏丑夫。宣太后留下遗言：死后要魏丑夫殉葬。魏丑夫听说后非常担忧，幸好有一位叫作庸芮的大臣，对宣太后说了一番话，才救了魏丑夫一命。

庸芮问太后：“太后您是英明的人，您认为会有阴间吗？人死之后还能感知阳间的事情吗？”

宣太后对阴间的事也不确定：“人死后可能无法感知阳间的事吧。”

“既然人死后什么感知也没有，那太后又何必杀死自己所爱之人，让其随您于地下呢？”

宣太后一时无法回答，只能说道：“那万一人死后能感知阳间的事呢？”

“人死后若能感知阳间的事，您把魏丑夫带到地下，先王不会放过您吧？到那时恐怕您赎罪都来不及，还能继续同魏丑夫的私情吗？”

宣太后吓了一跳，觉得庸芮说得非常有道理，从此再不提让魏丑夫殉葬的事了。

我们之所以称她为“宣太后”，是因为她死后谥号为“宣”，她是中国历史上第一位太后，在她之前，并没有将天子或王的母亲称为太后的习惯，自她之后，“太后”的称谓才在历史上一直延续下去，直到清朝的末代太后隆裕太后为止。

贬走魏冉后，秦昭王拜范雎为相。隔壁的魏国听说有一个叫张禄的人说服秦昭王赶走了魏冉，自己做了秦国国相。但张禄是何许人也谁也说不上来，只听说张禄也是魏国人。如果能够摸清这位新任秦国丞相的底细，并同他搞好关系，秦国或许就能少向魏国用兵。怀着这个目的，魏王派须贾为使者，到咸阳来探一探张禄的底细。

第十一章 好客公子

赠绨袍

须贾来到咸阳，住在馆驿之中，派人向张禄呈上拜帖，称魏国大夫须贾特地前来拜见秦国丞相张禄大人。

范雎见到“须贾”二字，心中不知是什么滋味，当年范雎在须贾家中做门客，却险些被须贾害死，如今他送上门来，范雎要怎么对付他呢？

范雎找到一位下人，换上了他身上的破烂衣服，来到须贾所在的馆驿去面见须贾。

须贾见到范雎大吃一惊：“范雎你不是已经死在魏齐的厕所中了吗？怎么会到了咸阳？”

“那日我确实昏死了过去，被人扔到了城外。幸亏有人救了我，我不敢留在魏国，这才逃到了秦国。”范雎答道。

“你在秦国做什么？”

“我得罪了魏国国相，九死一生才逃到这里，还能做什么呢？我现在是给人家做用人，讨口饭食。”

须贾觉得范雎很可怜，请他留下来吃饭。看到范雎身上的破烂衣服，须贾叹了一口气：“范雎你怎么贫寒落魄到了这步田地。”说罢，找出自己的一件袍子，送给范雎。

范雎心中暗想，须贾虽然小肚鸡肠，嫉贤妒能，险些把我害死，难得还能念几分故人情谊。他心中的仇恨稍稍消解了一些。

两人边吃边谈，须贾问道：“范雎你来咸阳也有些日子了，知道秦国国相张禄大人吗？听说张禄大人也是魏国人，在秦昭王面前说一不二，秦国之事皆由张禄决断，我想求见张禄大人，不知你有没有同张禄大人熟识的朋友？”

范雎答道：“我的主人同张禄就有交往，即使是我范雎，也能替须贾大人通禀一声。”须贾心中半信半疑，故意说道：“我的马最近生了病，车轴也折断了，没有四匹马拉的车，我怎么出门呢？”

“这个好办，请须贾大人放心，我可以向主人借一辆四匹马拉的大车，载着大人去见张禄。”

范雎出去不多时，还真弄来一辆大马车，他请须贾上了马车，自己亲自赶车，转眼间来到相府门前。

相府中的人见到范雎都毕恭毕敬，须贾觉得有些奇怪，但也没有多想。

“大人在这里稍等片刻，我进去通禀一声，去去就回。”范雎说着转身进了相府。

须贾在门口耐心等待。可是左等也不来，右等也不来，渐渐地须贾有些不耐烦了。他问守门人：“刚才进去的那个范雎，你们认识吗？怎么一直不出来呢？”

守门人感到莫名其妙:“哪里有什么范雎?刚才进去的是我们的张禄大人啊。”

须贾一听，吓得魂飞魄散，他也是个聪明人，事情的前因后果在他的脑中飞速地联系着。他瞬间就明白了是怎么回事。

以他当年对范雎的所作所为，如今还想打通“张禄”的关系吗？能回魏国就已经是奢求了。须贾赶紧脱去了上衣，赤裸着身体匍匐在相府台阶之下，对守门人说:“赶紧进去通禀一声，就说罪臣须贾请求范雎，不不，张禄大人的惩罚！”

守门人也不知怎么回事儿，赶紧进去禀报。此时的范雎已经坐在堂上，许多宾客侍从在左右相陪。听说须贾在门外请罪，示意让他进来。

须贾爬行着来到堂下，向上叩首道:“我真没想到先生您能通过自己的努力坐到这样的高位。我须贾有眼无珠，从今之后再也不敢说自己读过天下之书，再也不敢过问天下之事了。即使是把我扔到鼎镬中烹煮也不为过。如果您能把我流放到荒凉野蛮的地方，就算是对我开了天恩，是杀是留，悉听大人的决断吧。”

范雎怒目道:“须贾你知道你犯了多少条罪行？”

“我的罪行拔掉头发也数不过来。”

“你犯了三条大罪。你怀疑我里通外国，向齐国出卖魏国，并在魏齐面前进谗言陷害我，这是第一条大罪。

“我是你的门客，魏齐把我打得死去活来，你却丝毫不为我求情，眼睁睁地看着魏齐把我打死，这是第二条大罪。

“我被魏齐扔进厕所，你不但心无怜悯，还向我身上尿尿，让我受到奇耻大辱，这是第三条大罪。须贾啊，你怎么忍心如此行事！”

须贾连连向上叩首，口称罪该万死。范雎稍微平和了一下心情，接着说:

“我之所以没有处死你，是因为方才我去馆驿同你见面，你见我可怜，赠给我一件袍子，可见你还有一点人心。我思来想去，决定饶你不死，放你回魏国。”

须贾就好像得了特赦令一样，不断磕头谢恩。范雎的气还没有完全消，继续说道：“我让你回魏国替我办一件事。请你转告魏王，让他火速将魏齐的人头献到咸阳，如若不然，我就要发兵血洗大梁，将你们杀个鸡犬不留。”

说罢，范雎宣布开宴。范雎同座上的宾客们都享用着上等的珍馐美味，而须贾则坐在堂下进食，吃的都是粗粝的食物，还有两名罪犯陪伴在一左一右。

范雎是想用这种手段羞辱须贾。而须贾能逃得一条活命已经是求之不得，根本顾不得一国大夫的尊严和体面了。

宴会结束后，范雎入宫将自己的身世向秦昭王细细地讲述一番，秦昭王这时才知道眼前的张禄先生原名范雎，还有着这样一段坎坷传奇的经历。而那个须贾，也屁滚尿流地回了魏国。

追杀魏齐

须贾回国后，马上将秦国丞相张禄也就是范雎的事情告诉了魏齐。魏齐听后大惊失色，他害怕魏王拿他献礼，更怕范雎发兵魏国对他打击报复，魏国国相就再也不能做了，魏齐慌忙逃往赵国，到平原君的家中去避难。

回头再说范雎。须贾离开后，对范雎有知遇之恩的王稽求见范雎。他对范雎说：“事情不可预知者有三件，无可奈何者也有三件。”

范雎说愿闻其详，王稽接着说道：“大王有朝一日晏驾，这是第一件不可预知的事情。范大人您也有可能有朝一日去世，这是第二件不可预知的事情。我王稽也有可能有朝一日死去，这是第三件不可预知的事情。如果大王晏驾，您即使因我未被大王重用而感到遗憾，也是无可奈何了。如果您有朝一日去世，您即使因未曾报答我而感到遗憾，也是无可奈何了。如果我突然死去，您即使因为没有举荐我而感到遗憾，也是无可奈何了。”

范雎听后闷闷不乐，他知道王稽这话的意思。自己如今做了丞相，但是将自己由虎口之中带到秦国，并向秦昭王推荐自己的大恩人王稽仍然没有升迁。王稽这是对自己有意见了。

范雎感到非常羞愧，当年自己受难之时有很多人帮助自己，使自己脱离虎口。如今自己做了丞相一时忘乎所以，居然没有报答自己的恩人王稽。不但要报答王稽，一切曾经救助他的人，范雎都要报答。

范雎入宫对秦昭王说：“如果不是因为王稽忠于大王，我如今仍然困在大梁，不可能来到大王面前。我今天已经封侯拜相，而王稽还是当初的王稽，我深深为此感到忧虑。”

秦昭王如今对范雎言听计从，范雎的忧虑就是秦昭王的忧虑。他马上降旨，擢升王稽为河东郡守，并特准他三年之内可以不向朝廷汇报郡内之事，相当于是让王稽做三年的河东王。

范雎赶忙谢恩。他又向秦昭王提出，魏国人郑安平是自己在大梁的好友，当初自己被用草席卷着扔到野外，若没有郑安平冒着杀头的危险搭救自己，让自己在家中养伤，又亲自向王稽举荐自己，自己是不可能活到今天的。郑安平是自己的恩人，同时也是秦国的功臣。

秦昭王认为范雎言之有理，马上擢升郑安平为将军。范雎回到家后，广散家中财物，当年自己在困厄之时曾经帮助过自己的人，哪怕曾经只给过自己一顿饭吃、一口水喝，范雎也是滴水之恩涌泉相报。

除了有恩必报，范雎还有仇不饶。哪怕当年瞪过他一眼，骂过他一句的人，范雎都要报复，为此留下一条成语叫“睚眦必报”。

而范雎最大的仇人，就是魏国国相魏齐。

如今魏齐已经逃到赵国，躲到平原君家里不敢出门。这个仇如何得报呢？范雎很着急。

秦昭王倒是为他想了个主意。秦昭王给平原君写了一封亲笔信：

“平原君阁下，久闻您的道德节操，寡人非常仰慕，很想同阁下结为布衣之友。不论政治立场，不论君臣贵贱，只愿同阁下纵论天下之事。我身为秦国国君，可能不方便亲自登门拜见，烦请您能屈尊到秦国来，在我简陋的宫中小住几日，我愿同您畅饮十天。”

赵国本来对秦国就心有畏惧，秦昭王主动向平原君示好，怎敢驳秦昭王的面子，而且平原君也想交好秦昭王，以便以后在外交中能有一些回旋的余地，索性就答应西入咸阳。

双方见面后，秦昭王非常高兴，果真同平原君宴饮了数日。转眼过了几天，在一次酒酣之后，秦昭王对平原君说：

“从前周文王在渭水河边访到姜尚，将其尊为太公。齐桓公受到管仲的辅佐，尊称管仲为仲父。范雎先生不远千里来到秦国辅佐寡人，寡人尊称其为叔父。可是我叔父的仇人就在平原君您的家中，这让我如何是好啊？还希望平原君您能将魏齐的头颅取来。如若不然，恐怕您出不了函谷关了。”

直到此时，平原君才知道秦昭王结交他的用意。平原君是战国四公子之一，生平最好结交天下好友，对待一般的门客尚且义气，更何况魏齐。他是绝不会为了自己的安危将其出卖的。如果是那样，平原君岂不是失信于天下？但平原君也不愿同秦昭王硬碰硬，既要委婉地表达自己的意思，也要给秦昭王一个台阶。他便以魏齐不在自己家中拒绝秦昭王：

“尊敬的大王，外臣听说显贵之后，不能忘记贫贱时的朋友。豪富之后，不能忘记穷困时的朋友。魏齐是我平原君的朋友，即使他在我的家中，我也无法将他交给大王，更何况，魏齐早已离开我家了。”

秦昭王见平原君拒不承认魏齐在他家中，也是无可奈何。此时平原君的哥哥赵惠文王刚刚死去不久，赵惠文王之子赵丹继赵王位，是为赵孝成王。赵孝成王新君继位，事事依赖平原君，既然在平原君处打不开缺口，不如在平原君的侄子赵孝成王处打开缺口。

秦昭王马上致书赵孝成王："首先恭喜大王荣登大宝，寡人有一事相告。大王的叔叔平原君正在咸阳同寡人畅饮，他的处境很安全。但是我国丞相范雎先生的仇人魏齐如今藏在平原君家中，请大王派人拿着他的首级速来咸阳。若是不然，我将举兵攻伐赵国，到那时恐怕平原君也就出不了函谷关了。"

关闭的大梁城门

赵孝成王得书后大惊。

平原君肯为了魏齐置自己的生死于度外，赵孝成王可同魏齐没有交往，他绝不会拿赵国的安危与平原君的安危来冒险。赵孝成王马上派人包围了平原君的府邸捉拿魏齐。

魏齐找了一个机会，趁着夜色逃离了平原君府，他没有逃离邯郸，而是钻到了赵国国相虞卿家中。魏齐希望虞卿能在赵孝成王面前为自己开脱几句。虞卿左思右想，觉得如今平原君被掌握在秦昭王手中，自己无论如何也无法说服赵孝成王置平原君于不顾。

思来想去，虞卿解下自己的相印，带着魏齐逃离了邯郸，沿着荒野中的小路逃出了赵国国境。如今天下之大，哪里是他们的容身之所呢？二人寻思着各诸侯国都不可能为了魏齐而得罪秦国，最终他们又逃回了大梁，准备投奔信陵君。

魏公子信陵君名叫魏无忌，是魏昭王的小儿子，魏安厘王的异母弟弟。魏安厘王即位后，将其封为信陵君。信陵君仁而下士，人无论贤德还是不肖，信陵君对他们都能恭谦有礼，从来没有因为自己势力大而对他们有半点轻视。因此信陵君在天下士人中口碑非常好。八方来客多有归附于他者，慢慢地，在他门下聚集了食客三千人。

这些食客也如当年孟尝君的食客一样，什么样的人都有。有一次，信陵君正在陪着哥哥魏安厘王博弈。魏、赵边境传来警报，说是赵王率领大批人马，浩浩荡荡向魏赵边境开来。

魏安厘王以为赵国偷袭魏国，马上放下棋子，准备召开紧急会议。信陵君却丝毫不为所动，淡淡地说："只不过是赵王行围打猎罢了。"说罢还继续同魏安厘王下棋。

魏安厘王已没有了下棋的心思，忽而站起忽而坐下，魂不守舍。正在此时，又有情报传来，说赵王虽然兴师动众，但只是在边境行围打猎而已，没有偷袭魏国的意思。

魏安厘王闻报才放下心来，他很诧异地问信陵君："弟弟怎么了解赵王的举动？"

"我有很多食客，他们其中有人能探听到赵国的秘密，赵王最近要来边境打猎，我早就知道了。"

魏安厘王听后，刚刚放在肚子里的心又悬了起来，眼前这个弟弟信陵君可万万不能小觑啊。从此，魏安厘王不敢再让信陵君参与朝政。信陵君知道自己言多口失，也变得小心谨慎起来。

此次魏齐同虞卿共同来投奔信陵君，也并非要在魏国久留。他们是希望借助魏国信陵君的力量，逃到南方的楚国去。楚国远离秦国，又地广人稀，或许还有一线生机。

但令他们没有想到的是，信陵君早已对政治纷争小心谨慎，他根本不愿收留魏齐与虞卿二人，甚至闭门不见。可叹曾经魏国的国相和赵国的国相，如今连大梁城的城门都进不去。

拒绝了魏齐与虞卿，信陵君也感觉不太对劲。他对魏齐很了解，但对虞卿并不熟悉。信陵君问左右的人，“虞卿是个什么样的人呢？”

当时信陵君的重要食客侯嬴正在旁边。侯嬴对信陵君见死不救非常不满，就略带讥讽地回答说：

“人想要被别人了解确实很难，想要了解别人也并不容易。那个虞卿，当年脚上蹬着草鞋，肩上扛着雨伞来到赵国国都邯郸，第一次觐见赵王，赵王就赐给他黄金百镒，白璧一对。第二次觐见赵王，赵王就破格提拔他为上卿。第三次觐见赵王，就取得了赵国国相之印，封为万户侯。

“那时虞卿刚刚崭露头角，天下都争着去了解他是怎样一个人。如今魏齐在穷困潦倒无计可施之时投奔了虞卿，为了魏齐，虞卿丝毫不把重爵厚禄看在眼中，解下赵国国相的相印，扔掉万户侯的爵位，与魏齐一起沿着小路逃走。虞卿能够急士之穷，急人之困。像这样的一个人，公子还要问他是什么样的人吗？”

侯嬴一番话说得信陵君无地自容。他赶快命人备车亲自到大梁城的郊外去迎接他们，可惜还是来迟了一步。魏齐听说信陵君不肯收留他们，觉得受了巨大的侮辱，更觉得走投无路，已经在怨怒之下拔剑自刎了。

赵孝成王派人到魏国取回了魏齐的尸体，将魏齐的头颅献给秦国。秦昭王见范雎大仇得报，这才将平原君放回赵国。

赵孝成王派人取回魏齐尸体的同时，也将同魏齐一同逃亡魏国的虞卿接回了赵国，再次委以重任。

虞卿本名虞信，赵国中牟（今河南鹤壁）人，据说是舜帝的后代，做过赵国的上卿，故世人都以“虞卿”称之。他是坚定的反秦派，一直主张联合魏国、楚国共同对抗秦国。这也是他愿意放弃高官厚禄，同魏齐逃亡魏国，并希望借道魏国逃往楚国的原因。

《史记·平原君虞卿列传》中记载虞卿在魏齐去世后滞留在大梁，他发愤著书，采取《春秋》中的记述，注意收集近代历史，著成了《虞氏春秋》一书，以此来探讨国家的政治成功与失败。

《史记》中的这一记载恐怕不准确。魏齐死于公元前 265 年，这一时间点在长平之战之前。在其后的长平之战中，虞卿还出现在赵国的中枢决策层中，并发挥了非常重要的作用。在《史记·范雎蔡泽列传》中，同样记载了魏齐死于长平之战前。可见魏齐死后，虞卿应是回到了邯郸，并被再次委以重任，不可能仅仅困居大梁著书立说而已。

浊世贵公子

我们再来说一说讽谏信陵君，希望他收留魏齐与虞卿的侯嬴。侯嬴腹有良谋，但他却不积极用世，更不愿自己的谋略被人所知、为人所用，甘心做一位隐者，直到七十多岁了，还仅仅是一位看守魏国国都大梁城东城门夷门的小吏。

信陵君门下有很多食客，有的食客了解侯嬴的才华，就向信陵君推荐了侯嬴。信陵君想不到在自己的眼皮底下居然隐居着一位大才，就带着贵重的礼物，赶着车子到夷门去拜见侯嬴。

侯嬴虽然同信陵君相见，却拒绝了信陵君的重礼："我数十年来修身洁行，不能因为自己很困顿就接受贵公子的大礼。"

信陵君更是敬重侯嬴的品德。他在自己家中大摆宴席，款待宾客。待到要开席时，信陵君赶着车马带着随从亲自到夷门迎请侯嬴。为了显示尊重，信陵君还将车子左侧尊贵位置空出来，留给侯嬴，自己则坐在右侧。

这次侯嬴不再推托，他将自己身上破烂的衣帽整理整齐，径直登上车，一屁股坐在了左侧，丝毫没有对信陵君谦让的意思。

信陵君手握马缰，对其毕恭毕敬。侯嬴对信陵君说："我有一位挚友名叫朱亥，是市场上的屠夫，我们许久未见了，希望您能驾车到市场上，让我们见上一面。"

信陵君亲自驾着马车到了市场。侯嬴跳下车同朱亥聊天，旁若无人地聊了很久，根本不理旁边的信陵君。这时侯嬴在暗暗观察信陵君，看看他是否真的礼贤下士。

市场上的人见到信陵君亲自驾车，都很奇怪，里三层外三层围了很多看热闹的人。信陵君的随从对侯嬴的傲慢非常不满，暗暗责骂侯嬴。而信陵君却恭恭敬敬地站在一旁，目视着他们，等着他们聊天，一点也没有恼怒急躁的意思。

侯嬴非常满意，这才上了车，跟随信陵君来到府上。此时信陵君的府上早已高朋满座。魏国的达官显贵、宗室将相、大臣、大夫和有身份的宾客正在焦急地等着信陵君的到来。他们都想看看信陵君亲自去请的是一位什么样的贵客。

待到大家见到侯嬴，全都傻了眼。原来堂堂的信陵君劳动金身大驾，就是去迎请一位七十多岁的守门小吏。大家面面相觑，但也不便多说什么。信陵君让侯嬴先生上座，大家开怀畅饮，酒酣之时，信陵君亲自来到侯嬴先生面前，向其祝酒。

侯嬴先生借机对信陵君说："今天我已经为公子尽力了。"信陵君不明白他的意思，今天一直是自己忙前忙后，侯嬴什么也没有做，怎么说尽力了呢？

侯嬴解释说："我只是负责大梁城夷门开门关门的一个小人，公子却能劳动金身大驾，亲自赶着马车，在全大梁城人的注目之下去迎接我。我故意到市场上拜会我的朋友，让公子等了许久，而公子却不急不躁，更加谦恭，现在整个大梁城的人都以为我是得意忘形的小人，而公子却是礼贤下士的高尚之人。"

信陵君这才明白侯嬴的用意。侯嬴接着说："我所拜访的朱亥，虽然在市场上靠杀猪屠狗混口饭吃，但他却是一位贤能之人，只是不为世人所知罢了。"自此，侯嬴便成了信陵君府上的座上客。

信陵君对侯嬴所推荐的朱亥也非常重视，他曾多次亲自到市场拜见朱亥。朱亥的态度却始终不咸不淡，更是不登信陵君的府门。信陵君对此觉得很奇怪，但也并不强求。

在当时，各国的贵公子盛行养士之风。他们争相以门下食客众多为荣，以礼贤下士为美。越是对身份卑微的人屈尊善待，越能体现一位贵公子的贤德与风度。

比如被司马迁誉为“翩翩浊世之佳公子”的赵国平原君赵胜。他的府邸中有座高楼，站在高楼之上可以望到不远处的民宅。在挨着平原君府的民宅中，住着一位瘸子。他出出进进总是一瘸一拐，样子十分可笑。

一天，平原君的一位美妾站在高楼之上发现了瘸子，不由得哈哈大笑。

瘸子听到了笑声，觉得受到了侮辱，就找上门来对平原君说：“我听说平原君看重士人胜过了看重美妾，有很多士人不远千里来投奔您，今日一见并非如此。臣不幸生病成为瘸子，而您的美妾却在讥笑臣，臣觉得受了侮辱，请您杀掉那位美人，来洗刷我的耻辱。”

平原君也不反驳，笑着点头答应了。待瘸子走后，平原君说道：“此人竟因一笑之过而妄想让我杀掉我的美人，这也太过分了吧。”平原君终究没有杀那个美人。

自此之后，平原君的门客今走三人，明走两人，陆陆续续离开了平原君。过了一年，竟走了一多半。

平原君很是不解，正巧此日又有几个宾客要离开，平原君问道：“我赵胜自认为对诸先生不薄，方方面面照顾得都很周到，也没有失礼的地方，怎么大家都要弃我而去呢？”

门客答道：“公子答应了那个瘸子杀掉美人为他雪耻，最终却没有那样做。我们认为公子重视美人胜过重视士人，因此只好离去了。”

平原君这才恍然大悟，他赶紧杀掉那个美人，亲自登门向瘸子赔礼道歉。

之后，来投奔平原君的士人又渐渐多了起来。

平原君也同齐国的孟尝君、魏国的信陵君、楚国的春申君共同被称为好客养士、礼贤下士的战国四公子。

明代高启有一首咏平原君的诗：

朝歌长夜馆娃春，总为妖姬戮谏臣。
何事邯郸贵公子，能因牴者杀佳人。

高启拿商纣王为美人而杀大臣的行为与平原君做比较，称赞平原君能为士人而杀美人。但美人的一笑真的至于死罪吗？

平原君用一女子的生命为那个瘸腿士人的荣誉买单，谁又为那年轻女子的生命负责呢？

第十二章 长平之战

触龙说赵太后

在秦昭王为范雎报仇期间，秦昭王一直没有停止执行范雎为他所谋划的远交近攻的战略。

比如，在魏齐被迫自杀的公元前 265 年，赵孝成王刚刚继位，其母赵太后掌权，国政不稳。秦昭王就利用这个机会，派兵攻打赵国，一口气打下了三座城邑。

赵军感到无力抵抗，转向齐国求救。齐国要求赵国将赵太后的小儿子长安君送到临淄来做人质，齐国才会施以援手。

长安君是赵太后的命根子，她说什么也不肯让长安君离开自己，更别说是到别国去做人质。许多大臣都来劝谏，赵太后就是不肯，最后放话：“谁要再来劝谏，老身一定要啐他一脸！”

大臣们都不敢再说话，只有左师触龙求见赵太后。赵太后知道触龙是来劝说自己的，怒气冲冲地在宫中等着触龙。

触龙却毫不着急，慢条斯理地走上大殿，见到赵太后就请罪："老臣身体不好，腿脚又有了毛病，很久没来拜望太后了。"说着和赵太后唠起了家常，询问起居饮食，丝毫不提长安君的事。

赵太后渐渐也面色和悦了下来。看到气氛有所缓和，触龙转入正题，却仍然不提长安君："老臣此次前来是有事求太后帮忙，老臣有一幼子，我很疼爱他，但老臣已经年迈，我希望他能成为保卫王宫的卫士，为国家效力，太后能否答应老臣的要求？"

赵太后一听触龙此次前来原来是为自己的私事，只要不提长安君，怎么都好说。于是赵太后很爽快地答应了触龙，并好奇地问道：

"你们做父亲的也疼爱小儿子啊？"

"胜过你们做母亲的。"触龙半开玩笑地说。

"怎么可能，我们妇人疼爱小儿子更厉害。"赵太后听了触龙的话，更来了兴致。

"可是老臣觉得您疼爱女儿燕王后胜过了小儿子长安君啊。"赵太后的女儿嫁给了燕国国王，如今是燕国王后。

"先生您错了，我对燕王后可比对长安君差远了。"赵太后笑着说。

"父母疼爱子女，要为他们长远的利益考虑。您送燕王后远嫁的时候，虽然也难舍难分，流泪不止，燕王后走后，您也十分思念她，却并不希望她回来。您是为她的长远考虑，希望她的子孙能世世代代永远成为燕王，是不是？"

赵太后不住地点头，触龙接着说道："我们赵国自建立以来，多少君主的儿孙受封为侯，如今他们的后世子孙，还有人是侯爵吗？"

赵太后摇了摇头。

"不光是我们赵国，其他诸侯国历朝历代出了多少贵族，如今不也大部分败落了吗？成为贵族，地位尊贵，却对国家没有半点功勋，手中拿着优厚的俸禄，却没有半点功劳，这样怎么可能长久呢？太后您现在可以让长安君地位尊贵，可以让他的封地土地肥沃，可以让他的奇珍异宝不计其数，但是他对国家没有尺寸之功。一旦太后百年之后，长安君或者他的子孙怎么可能在赵国立足？所以我说您疼爱燕王后远胜于疼爱长安君。”

直到此时赵太后才明白了触龙的用意，但是触龙说的话句句在理，容不得赵太后反驳，太后一声叹息：“好吧，您不用再说了，任凭您派他到哪里去吧。”

就这样，赵孝成王为弟弟长安君准备了一百辆车，浩浩荡荡地送他去齐国做人质了。齐国得到长安君后，也发兵来救援赵国。

秦国见赵国已经同齐国联合，非常识趣地撤兵了。看来如今攻打赵国还为时过早，秦昭王与范雎一方面加紧“远交”，挑拨齐国同三晋国家的关系，让齐国不再援助三晋国家；另一方面调整“近攻”的方向，继续将眼光放在韩国身上，在韩国身上寻找突破口。

韩国在三晋国家中国力最弱，国土最为破碎。攻打韩国，能够用很小的力量就使天下局势发生较大的变化，秦国又可以在这种变化中见机行事，浑水摸鱼，捞取更多的利益。秦国将突破点放到了北上太行山，切断韩国本土与韩国上党郡之间联系的行动中。

韩国的上党郡大体包括以今天的山西省晋城市为中心的山西省东南部一带。一条沁水自太行山上流下，连通着上党郡与韩国本土。秦国只要攻占沁水河边的野王，就可以断绝上党与韩国本土的交通。

公元前 262 年，秦昭王派武安君白起率兵伐韩，攻占了野王。韩桓惠王软弱无能，不但不能组织有效反击，还派阳城君到咸阳去谢罪。既然上党已经不保，韩国索性提出割让上党给秦国，以换取秦国退兵。

对此建议，秦昭王与范雎自是求之不得。韩桓惠王派遣大臣冯亭为上党太守，到上党处理割让事宜。没想到冯亭根本不愿将上党割让给秦国，只是在韩桓惠王面前没有发作而已。他到了上党郡，马上露出了自己的本心。

冯亭对属下官吏说："如今上党通往韩国的道路已经被割断，秦国大军正日夜向上党逼来。可叹我们韩王无法应付这一局面，居然要将我们出卖给秦国。我认为与其将上党送给秦国，不如将上党送给赵国。赵国接受了上党，秦国一定会同赵国作战，而赵国一定会联合韩国共同对付秦国，这样或许还有打败秦国的可能。"

因此，冯亭背着韩桓惠王私自派使者到赵国，恳求赵孝成王接收上党。

上党之争

赵孝成王听后欣喜若狂，这真是天上掉馅饼的好事，他就与自己的叔父平阳君赵豹商议："韩国守不住上党，决定割让给秦国，但是上党的百姓心向我国，甘愿做我国的百姓，不愿与虎狼之国为伍。现在上党已经派来使者，愿将全郡十七座城池奉献给寡人，叔父看应如何处置？"

平阳君赵豹认为事情没有那么简单："回禀大王，无功不受禄，若是接受无功之禄，必然会招致祸害。"

赵孝成王听后颇不满意："上党百姓仰慕寡人的仁义，对寡人翘首以盼，万众归心，怎么能说无功不受禄呢？"

赵豹苦口婆心地劝解："秦国一心想要蚕食韩国的土地，费了九牛二虎之力才切断上党与韩国的联系。韩王已经将上党割让给了秦国，秦国岂会眼睁睁地看着到嘴的鸭子飞到我国！上党的冯亭将上党奉献给我国，是企图把灾祸转嫁给我国。秦国同韩国浴血奋战，最终我国却坐享其成。秦王怎会善罢甘休？秦国没有在韩国手中得到上党，我国难道能从强秦手中得到上党吗？若接收上党，将来我国一定会付出更大的代价，这根本就不是值得高兴的好事。”

赵豹说得非常清楚，如果赵国接受上党，必然要同秦国进行一场血战。而此时赵国没有必胜的把握，不应去搅上党的浑水。但赵孝成王利令智昏，他无论如何也不能眼见着唾手可得的上党十七座城池而不要。为了寻找支持者，赵孝成王又找来平原君赵胜商议。

赵胜与赵豹都是赵孝成王的叔叔，赵胜更有名望，地位更高，他的话也更有分量，结果他的意见和赵孝成王一样：“出动百万大兵攻战一年也不一定得到一座城池，如今有十七座城池愿意归附赵国，我们怎么能不要呢？”

赵孝成王要听的就是这句话。他顿时心情大悦，马上派平原君去接收上党。冯亭进献上党有功，赵孝成王封冯亭为华阳君，食邑三万户。上党郡每一个县的县令都封为侯，食邑一千户。其他的官吏都一律加爵三级。

平原君赵胜来到上党后，当众宣读了赵孝成王对上党官吏的赏赐。被封爵位最高的冯亭却既惭愧又伤心：“我现在已经处于三个不义的境地。为国君守卫国土，却不能拼死尽忠，这是一不义。国君将上党割让给秦国，我却抗拒国君的命令，私自将上党奉献给赵国，这是二不义。我无力保全国土，靠出卖国家土地而换取爵禄，这是三不义！”平原君自然好言对其劝慰了一番。

平心而论，此事赵国做得并不地道。上党作为韩国领土，韩王既然已经割让给秦国，在法理上，上党就属于秦国所有。冯亭作为韩王派出的上党太守，是无权根据个人好恶处置上党的归属的。

但是，上党这个地方的地理位置十分重要，它在韩、赵、魏三国的交界处，西有吕梁，东有太行，处在山西南部的黄土高原之上，可以俯视韩、赵、魏三国。上党属于韩国，对于赵国威胁不大，毕竟韩国国力微弱，不可能越过太行山对赵国进行进攻。但是一旦上党归属了秦国，秦国就可居高临下威胁太行山东侧的赵国国都邯郸，这是赵孝成王宁可同秦国翻脸打场血仗，也不肯眼睁睁地看着上党归属秦国的内在原因。

而对于秦国来讲，上党又势在必得。有了上党，可向南向东俯冲而下威胁韩、赵、魏三国。因而，赵豹建议将上党拱手让给秦国也并非上策。秦国与赵国在上党的矛盾是生与死的矛盾，根本不可调和，没有和平的解决办法，只有付诸武力解决。

赵国派平原君接收上党的消息传到秦国，秦昭王听后自然是暴跳如雷。公元前 260 年初，秦昭王以左庶长王龁为将领，率大兵武力接收上党。

上党的民众闻听秦国大兵到来，纷纷向赵国逃难。赵孝成王对于秦国将对上党采取军事行动也并非没有准备。他派名将廉颇率赵军在长平（今山西高平西北）驻扎，一边监视秦军在上党的一举一动，一边接收安顿自上党逃亡来的难民。

不久之后，王龁率秦军开到长平，开始对赵军进行大规模的进攻。廉颇率赵军拼死抵抗，起初赵军处于劣势，相继丢失了几座城池，还损失了几位将官，但是廉颇最终顶住了秦军的三板斧，双方进入相持状态。

廉颇认为，秦军远道而来，士卒疲惫，补给困难，而赵军倚仗有利地形进行坚守，有以逸待劳的优势。只要将相持状态持续下去，在秦军难以坚持之时伺机出动，便可一击制胜。即使无法寻到战机，也可用时间拖垮秦军，使秦军不战自退。

平原君曾经评价廉颇，说廉颇英勇善战，体贴士兵，若论两军在旷野对垒相互争锋，或许不如白起，但若论深沟高垒、守成相持，廉颇并不输给白起，更何况如今对面的秦军将领并非白起，廉颇守城还是有相当大的把握的。

但就在廉颇与秦军相持之时，远在邯郸的赵国朝堂内部，对于赵国对秦国应该是战还是和却发生了激烈争论。

纸上谈兵

赵孝成王刚刚继位，年轻气盛却没有耐心，在政治上很不成熟。长平之战初期，他希望廉颇果断出击，能够势如破竹击败秦军，不想赵军初战不利，廉颇坚守不出，赵孝成王逐渐失去对于战争胜利的信心，希望趁此时还没有太大的损失，同秦国媾和。

赵孝成王找来大臣共同商议，他故意说："我军初战不利，我想亲自到前线同秦军决战，诸位爱卿意下如何？"

大臣楼昌建议说："此时不应再同秦国作战，再这样打下去对我国毫无好处，还不如派个朝廷重臣去同秦国讲和。"

虞卿不同意楼昌的观点，反驳说："楼昌希望同秦国讲和，是因为觉得我军同秦军相持下去必然失败。大王看秦军此次来攻打我国，是不是准备要彻底击败我国？"

赵孝成王点点头说："看秦军的架势已是孤注一掷竭尽全力非要击败我国不可了。"

"既然这样，就不能同秦国讲和了。他们此时是不会接受和谈的。依我之见，大王不如拿出珍宝，派使臣去联络魏国与楚国。魏国与楚国得到大王的珍宝，即使他们不想同我国联合抗秦，也一定会接纳我国使者。秦国得知，必定以为天下诸侯要合纵抗秦。这样才能引起秦国的恐慌，那时再与秦国坐下来谈判，我们才能掌握主动。"

赵孝成王心浮气躁，没有创造时机等待时机的耐心，也不懂得外交斡旋的规律，他没有听取虞卿的建议，而是准备派遣自己的叔父平阳君赵豹到秦国议和，并派遣大臣郑朱先行到秦国进行联系。

看到这样的安排，虞卿摇摇头说："大王议和绝难成功，恐怕前线的赵军也会失利。"赵孝成王听到虞卿这一说法非常不满，虞卿解释说："现在天下诸侯都派出使臣到咸阳观察动静、打探消息。大王派郑朱到咸阳，天下诸侯马上就会知道。秦王与范雎也会将赵国使臣来咸阳求和的消息散布给天下诸侯。这样一来，天下诸侯尤其是楚国与魏国这两个本来可以帮助赵国的国家，一看到赵国已无心恋战，准备向秦国求和，必定不会再出兵援助赵国。而秦王看到赵国已经势单力孤，怎么会和我们进行平等和谈呢？”

事态的发展如虞卿料想的一样，赵国使节郑朱一到咸阳，秦王就与范雎盛情接待郑朱，并到处宣扬此事，以此宣示秦国的威德。同时秦国还暗中对魏国许诺，只要魏国按兵不动，秦国就将韩国的一座城邑垣雍（今河南原阳西）划归魏国。天下诸侯看到这个形势，果然都对赵国袖手旁观，不再准备发兵同赵国一同抗击秦国。长平战场上，只能由赵军独自对抗秦军。

秦国在外交上的胜利，使得赵国处于孤立无援之境。然而秦国没有援兵，又远离本土作战，秦赵对垒，秦国也不见得能占到多少便宜。

尤其在前线统率赵国大军的是名将廉颇，他坚壁清野，实施以守为攻的战略，这一战略严重损耗着秦国的后勤补给，时间一天天地拖下去，虽然秦军在战役初期打了几次小胜仗，但形势却向着不利于秦军的方向发展。前线的秦军非常着急，他们百般挑衅，急于寻找赵军主力进行决战，但是廉颇就是不上当，始终免战牌高悬。

关键时刻，坐镇邯郸的赵孝成王再一次使出昏招儿，他认为廉颇胆小怯战，三番五次派出使者，催促廉颇赶紧与秦国打仗。

廉颇知道赵孝成王的心思，也清楚赵孝成王的幼稚，他便来了个将在外君命有所不受，不但任由秦军百般挑衅就是不出兵，甚至任由赵孝成王百般催促仍然不出兵。

在这场艰苦的消耗战中，着急的不只是赵孝成王，也不只是前线的秦军，还有远在咸阳的秦昭王与范雎。他们也清楚如此拖延下去，秦军在前线即使不失败，必然也要撤军。一旦撤军，廉颇就会率领赵军在后掩杀，秦军有没有把握能在战场上全身而退还是个未知数。而上党郡，恐怕真的要落入赵国之手，到时再想反扑夺取，恐怕要比登天还难。不费上几年工夫，打上几场硬仗是绝不可能了。

如何才能让赵军赶快应战呢？看来在廉颇身上打主意已不可能，他连赵孝成王的命令都不听，秦昭王又能有什么手段让他出战呢？如今唯一可行的办法，只能让赵国易帅，换掉廉颇。

但是想换掉廉颇又谈何容易，廉颇是赵国第一名将，纵横驰骋战场数十年，赵国军民上下对其完全信任，有谁能够换掉廉颇取而代之呢？即使真的有人换掉廉颇，那此人的军事能力一定也不在廉颇之下，到时此人到了长平再与秦军“磨洋工”，这当如何是好呢？

最终，范雎想到了一个人——马服君赵奢之子赵括。

赵括是成语“纸上谈兵”的主人公。他自幼随父亲赵奢学习兵法，一说到军事，赵括能滔滔不绝讲上好几个时辰，自以为天下没有谁的军事才能可以超过他。长大之后，他也经常同父亲赵奢论兵讲武，赵奢经常被他说得哑口无言，但是他丝毫没有战争的实际经验。范雎认为，赵括凭借父亲的威名可以入得赵孝成王的法眼，而赵括虽然在军事理论上有一套，本身却不具备实战能力，这样的人到了前线，一定不是身经百战的秦军的对手。

因此，范雎派出人去贿赂赵孝成王身边的大臣，希望他们建议赵孝成王用赵括替换前线的廉颇，同时他还派出细作，在邯郸城中散布消息，说是秦军根本不惧怕老迈无能、胆小如鼠的廉颇，秦军最惧怕的就是曾经击败秦军的马服君赵奢，如今赵奢已死，秦军最惧怕的就是他的儿子小马服君赵括。如果赵括为主帅来到长平前线，秦军一定会不战自溃。

范雎这一招儿果然奏效，不久之后，邯郸城中都流传着秦军害怕赵括的谣言。而由于赵孝成王身边有大臣接受了秦国使者的贿赂，这一谣言也非常及时地传到了赵孝成王的耳朵里。此时赵孝成王正在恼怒廉颇在前线不听调遣，琢磨着用谁取代廉颇。听到赵括的名字，赵孝成王眼前一亮。

换将

赵孝成王新君登基，虽然对父亲留下来的文武大臣班底非常敬重，但他并不愿意在他的有生之年一直使用廉颇这样的前朝旧臣，那样会让他显得像个“啃老族”，怎么能体现他的英明和知人善任呢？所以他更加希望能够提拔少壮派，以此作为自己的执政班底。龙生龙凤生凤，虎父无犬子，像赵括这样的将门虎子，正是他应该重点培养的对象。

他听说过，赵括论起兵法来，连赵奢都难不倒他，常常无言以对，只是苦于一直没有实战机会，赵括才一直没有出人头地。眼前的长平之战不正好是绝佳的实战机会吗？

于是赵孝成王传下旨意，命令赵括为赵军前线总指挥，即日启程到长平替换下廉颇。赵括听此消息真是喜出望外。自己有着前无古人后无来者的军事才能，因为廉颇这帮人健在，一直没有施展的良机，今日大王圣明，委我以重任，扬名立万的机会终于到了。

——我赵括到了前线，一定不辜负大王的栽培，也不可能辜负大王的栽培，打仗又有何难，对我赵括来讲不过是探囊取物、反掌观纹，等我到了长平，不费吹灰之力就能打得秦军丢盔弃甲。赵括沾沾自喜，越想越美。

此时赵国的老国相蔺相如已经病危，多日不参与朝政。听说赵孝成王要用赵括来替换前线的廉颇，蔺相如感到非常焦虑，不能再坐视不理了。他进宫对赵孝成王说：

“赵括此人我略知一二，他只会咏读他父亲留下来的兵书，死读书、读死书，不懂得战场上要灵活运用战术，随机应变的道理。大王只凭着马服君赵奢的名声就任用他的儿子赵括，就好像用胶水把调节音调高低的琴柱黏死之后再弹琴一样，这怎么能行呢？”

赵孝成王听了蔺相如这一番言论，心中非常不满。赵孝成王的心思也好理解：赵括没有实战经验怎么了，谁生下来就有实战经验呢？眼前不正好有个实战的机会吗？赵括打赢了长平之战，自然就有了实战经验。

赵孝成王不喜欢廉颇那样的前朝旧臣，自然包括蔺相如在内。他认为蔺相如不过是在为好友廉颇开脱，同时压制像赵括这样正要崛起的少壮派。而压制赵括，实际上就是压制自己，说赵括不如老将廉颇，实际上就是说自己不如先王。所以蔺相如的话他根本听不进去，最终还是派赵括为将到前线取代廉颇。

就在赵括将要出发时，又有人出来阻拦了。此人不是旁人，正是赵括的亲生母亲。原来赵奢生前从来不认为自己这个宝贝儿子赵括能带兵打仗。赵奢曾对自己的妻子、赵括的母亲说过：

“两军交锋是关系多少人生死存亡的大事，甚至是关系到一个国家命运的大事，而赵括谈论起军事来却是非常轻松，毫不在意，他认识不到战争的残酷性与重要性，这样的人又怎么能成为一军的统帅呢？我死之后，希望赵王不要让赵括带兵打仗。不用则已，若真的用了他，一定会将赵军带向死地，也会把赵括自己害惨。”

赵奢曾三番五次地对老太太这样说过，老太太也就暗暗记下了。今日见赵王果然要派自己的儿子赵括出征，老太太赶紧上书赵王：

“当初赵括的父亲马服君为大将，他亲自捧着饭食给属下食用，和数百名属下结为弟兄，将赵王及国家所赏赐的财物全都分给了属下将领和士兵。马服君只要接受了军令，就不再过问家中之事，是一心一意考虑军中之事。

“如今赵括也做了大将，大王看他是什么样子呢？他面向东方接受属下的朝见，属下跪拜在他的面前，没有一个人敢抬头看他。大王和国家赏赐给他的金帛他都带回家据为己有。他每天忙着东边买宅院、西边买田地，哪里有合适的田宅他了如指掌，对于军中之事却丝毫不关心。大王觉得赵括哪里像他的父亲马服君呢？因此，他们二人虽为父子却有着天壤之别，还是请大王收回成命，千万不要派遣他到前线。”

老太太没有在赵括没有实战经验这一方面劝阻赵孝成王，因为蔺相如已经用过这个理由却碰了钉子，赵孝成王对这一理由并不认可。老太太巧妙地选择了另外一个理由——赵括严重脱离群众，只顾私利，对统兵之事并不上心，希望以此能改变赵孝成王对赵括的看法，不要让赵括到前线去送死。

但是赵孝成王却对赵括出奇地信任，或许也是对他自己认人识人才能出奇地信任。他执意要命赵括为将出征。最终赵括的母亲也毫无办法，只能保全一个算一个了，她对赵孝成王请求说：“大王执意让赵括出征，日后他在两军阵前若不称职，请大王不要株连老身。”老太太的意思就是，一旦赵括在前线失利，不要让赵家满门连坐。可能是赵孝成王认为赵括万无一失吧，他爽快地答应了这一请求。

就这样，赵括在君王的百分信任之下得意扬扬地点队出征了。秦国在得到赵国改任赵括为长平前线主帅的确切情报之后，也悄悄地进行了前线主帅的更换：将主帅换为战神武安君白起，并传令军中严守军事秘密，有敢泄露白起已到军中者杀无赦。

范雎此计不可谓不毒辣，他先让并不出名的王龁同廉颇对垒，这样更容易造成廉颇怯战的假象。试想如果一开始廉颇便是与白起对垒，廉颇坚壁清野拒不出战，希望同秦军打消耗战，也就变得更好解释了。有白起在对立面，赵孝成王也不敢轻易用毫无战争经验的少壮派赵括，去替换老成练达的廉颇。

待到毫无实战经验的赵括成为赵军统帅，秦军却换上了身经多次血火历练的白起。白起与赵括，在战场上无异于虎羊之别，而这只老虎还要伪装起来，不把自己的爪牙露出来给那只倒霉的绵羊看。

长平之战

针对赵括骄傲轻敌、鲁莽无能、求胜心切等特点，白起为其量身打造了一套“先爽后哭”的战术。

秦军假装对赵军示弱，正面部队缓缓向后撤退。赵括一见自己的威名果然吓得秦军后退，更加忘乎所以。他轻易地率领赵军主力出击，向正在撤退的秦军正面部队发起进攻。

秦军正面部队由缓缓撤退进而转变为向后方飞奔，引诱赵军主力继续前进。与此同时，白起命令秦军两万五千人逐渐向赵军两翼包抄，待秦军正面部队撤退到事先早已准备好的秦军壁垒之后，秦军便停止撤退，开始固守。

向前推进一直都很顺利的赵军突然受到秦军强有力地阻击，但是赵括不甘心放弃这样一个追击秦军并将秦军主力消灭的机会，认为秦军的固守只不过是作困兽犹斗，他下命令对秦军坚固的壁垒进行猛攻，因而忽视了秦军向赵军两翼包抄的部队。

就这样，秦军的正面部队与那支两万五千人的侧翼部队很顺利地对赵军进行了三面包围。最后一步也就是最关键的一步，秦军要断绝赵军同后方援军的通道。这条通道不但是赵军主力部队进退的交通要道，更是赵军粮草供应的生命之线。

白起命令千人的秦军骑兵快速反应，对赵军主力后方进行穿插，待冲散赵军的主力后方部队之后，秦军很顺利地包抄到赵军后方，对赵军形成四面包围。继而秦军开始在被包围的赵军阵营进行穿插分割，将赵军分割包围为数个小部分。

直到此时，赵括才意识到赵军已经陷入完全的包围圈，不但撤退已无可能，后方的粮草运输也已经中断。赵括一下子蒙了圈：这个王龁用兵怎么和兵书上一点儿也不一样——到此时他仍然认为和他对垒的是籍籍无名的王龁将军。

在将赵军完全包围之后，秦军才适时地释放出情报：秦军的主帅是纵横天下的武安君白起。秦军希望以此进一步打击赵军的士气。

赵括得知此消息，加之自己已被分割包围，马上慌了手脚，他命令部队原地待命，固守待援，然而被包围的已经是赵国几乎全部的主力部队，赵国又哪里有援军可派遣到长平前线呢？

而对于秦军来讲，想要一口吃掉全部的赵军主力部队仍然不容易，好在如今赵军已经给养断绝，秦军可以较为放心大胆地和赵军打起消耗战。

就这样，秦军与赵军再次陷入僵持。不同的是，上次廉颇为主帅时，赵军占有战略主动；此次赵括为主帅时，赵军已陷入死地。

远在咸阳的秦昭王得知赵军全部主力已经被秦军包围后异常兴奋。秦赵长平之战原本仅仅是一场秦国与赵国为了争夺上党地区的一般战役。秦国君臣原本认为，即使秦军获胜，也不过是击败赵军，把赵军赶回邯郸去，秦国夺得上党地区，取得对赵国的战略优势而已。甚至秦军有可能难以击败赵军，秦赵两国分别占领上党地区的一部分城邑后双方罢兵，来日方长。没想到战场瞬息万变，形势转化得如此之快。一场上党争夺战居然转化为秦赵两国之间的战略决战，秦国有可能一举歼灭赵军主力，甚至进而冲下太行山占领邯郸，灭亡赵国。

巨大的政治和军事利益令秦昭王就像打了鸡血一样，他亲自冲出函谷关，来到长平之战的大后方河内地区，他对此地的民众各赐爵一级，然后将此地十五岁以上的男子全部征调从军，开赴长平。他绝不能让唾手可得的胜利在自己的指缝间溜走。这部分秦国新兵开到长平之后，占据了长平以北丹朱岭一带的高地，用于阻击赵国的援军。

这样一来，在长平的赵军更加陷入绝望。眨眼间过了一个多月，赵军早已断粮，内部居然出现了相互屠杀、相互而食的景象。赵括见到这种情景，知道待援无望，只能组织敢死队突围。

在被困了四十六天之后，赵括组织四支人马突然向秦军的包围圈进攻，希望能够冲出一条血路，能杀出一个是一个——至少他赵括本人一定要杀出去逃命。

白起身经百战，对于敌人释放出的每一个信号都深为了解。他看到赵军拼命地冲杀，就知道最后的决战时刻到来了。如果包围圈被撕裂，那也许就会前功尽弃。如果顶住赵军的垂死挣扎，那么赵军一个也跑不了。因此白起下了死命令，秦国士兵绝不许后退一步，一定要用壁垒与身躯顶住赵国士兵排山倒海的进攻。

双方厮杀了多时。赵军早已断炊，人困马乏，哪里冲得出秦军苦心经营的包围圈。见大部队突围无望，赵括准备组织精锐保护自己逃走，就在强行突围过程中，他被秦军乱箭穿身。

赵军失去统帅，这场战役再打下去已经丝毫没有意义，赵军将士反而释然。最终，全体赵军将士四十五万人向秦军投降。长平之战以秦军完胜落下帷幕。

但秦军的完胜也是一场惨胜，秦军阵亡也有十余万人。秦军只是依靠坚固的壁垒困死了赵军，并没有对赵军形成大规模杀伤，所以在赵军向秦军举白旗时，秦军的数量要远远少于赵军。面对这种情形，白起认为一旦让赵军士兵吃饱饭，数量上处于劣势的秦军是无法控制四十余万赵军俘虏的。白起心中不由得泛起了邪恶的杀念。他命令秦军对手无寸铁的赵军俘虏大开杀戒，将四十余万人悉数坑杀。

坑杀很多人以为是活埋，其实并非如此。坑杀是筑京观以彰显武功，也就是将人杀死之后一层一层地堆起来，形成巍峨的高台，远远就能望到，非常恐怖。胜利方以此种形式炫耀自己的武功。

赵国被坑杀的士兵达到四十五万。这是赵国的全部主力部队，也是赵国除了驻守各个城邑的戍守部队之外的全部机动部队，更是赵国自赵武灵王胡服骑射以来积攒起来的全部家当。

自长平之战之后，在相当长的一段时间内，赵国面对战国的纷争已经无兵可派。赵国的地位迅速下降，由原来可以保护其他弱国的强国，变为需要其他弱国保护的国家。在对秦的抗争中，更是完全丧失了主动，只能乞求秦国不要攻打自己。

当然，这四十五万不一定都是一线作战人员，其中大部分是后勤保障人员。但无论他们身份如何，都是活生生的人，是父母所生父母所养的人。当时赵国人口大概三百五十万人，古代大家庭比较多，以每家七八口人计算，如果不考虑父子兵、兄弟兵，那么赵国基本上每一家都有人阵亡于长平之战，这是何等的残酷。噩耗传回邯郸，赵国举国上下哭声一片。

第十三章 邯郸之围

范雎的败笔

春秋战国五百多年的历史，征战频繁，大小战役数千场，最为惨烈的两大战役一为晋阳之战，一为长平之战。正所谓“晋阳之围，悬釜而炊，长平之战，血流漂卤”。晋阳之战可以说是赵国的立国之战，而长平之战可以说是赵国的亡国之战。两大战役与赵国的生死有着密切联系，也反映了赵国立国之艰，守成之难。

对于此战，秦国也是举全国之力而为之，有十五六万人战死沙场。长平之战参战双方合计实际损失超过六十万人。这在当时的历史条件下，在世界上都是绝无仅有的。即使放眼整个古代世界战争史，长平之战也是最为惨烈的歼灭战之一。

长平之战结束后，战神白起已经杀红了眼睛。他没有被巨大的胜利所牵绊，打道回府，躺在功劳簿上尊享荣华富贵，而是百尺竿头更进一步，率领秦军控制上党全境，歼灭流窜的小股赵军部队，并火速奏请秦昭王为自己加派军队和粮草，他要乘胜东进，一举灭亡赵国。

白起派出两路人马：一路由王龁率领，迅速攻占邯郸以西的战略要地武安与皮牢；另一路则由大将司马梗率领，迅速攻占赵国在太行山以西的领土太原郡。太原郡的郡治即赵国起家的晋阳。晋阳陷落之后，赵国在太行山以西没有了重镇，秦国就能很顺利地控制山西全境。

白起自己则率领主力部队留守上党，终日秣马厉兵，做好向太行山东麓俯冲的准备。此时的白起已将弓拉满，箭头直指邯郸。赵国君臣吓得魂飞魄散。

与赵国君臣一同两股作战的还有韩国君臣。长平战役是因韩国而起，韩国的上党郡守冯亭将上党郡奉献给了赵国。虽然韩王并不同意此事，但这不代表秦国就不会以此为借口进攻韩国。赵国一旦国破，弱小的韩国必然成为秦国的口中之肉。于是赵国与韩国进行合作，请出著名的辩士苏代携带重礼西入函谷关，去游说秦国丞相范雎，希望范雎能在秦昭王面前多多美言，让秦国高抬贵手，放赵国一条生路。

苏代这个人我们在前文多有涉及，但是没有做过详细交代。苏代是战国时期著名的纵横家，他是东周洛阳人，和苏秦属于一个家族。后人多认可《史记·苏秦列传》中的记载，认为苏代是苏秦的族弟。但是《史记·苏秦列传》中多有错误，苏秦与苏代两人具体是什么关系并无定论。根据苏代活动的时间来看，苏代的年龄不一定比苏秦小。即使两人在族中是相同的辈分，恐怕苏代也有可能是苏秦之兄。

苏代是纵横家的前辈，他来到咸阳后，同为纵横家的范雎自然非常重视，亲自接见了苏代。

苏代说："听说武安君白起攻杀了马服君赵奢之子赵括，秦军马上就要东进围攻邯郸了，果有此事？"

范雎点头称是。

“既然如此，秦国一旦灭赵，就可以面南而称帝了。不过这样一来，谁是最大的功臣呢？是范雎先生您吗？我看不是。”

苏代自问自答：“不光我看不是，秦王看也不是，天下人看也不是。武安君白起为秦国攻下七十余城，向南平定了鄢陵、郢都、汉中等地，向北击败了赵括，平定了上党，一举杀死赵军四十余万人，恐怕当年的姜太公也不过如此吧。一旦秦王称帝，白起一定会位列三公，地位在先生之上，而且白起的战功还会不止于此，一旦赵国向秦国投降，白起还会去攻伐北面的燕国，转而攻打韩国、魏国、齐国，我看全天下都会被白起攻打下来。到那时，范雎先生又能居于何位呢？”

范雎闻听此番话，不由得低下头，陷入深深地沉思。

苏代接着说道：“为今之计，我看不如劝秦王赶紧命令白起停止进攻，不要再让白起建立新功了，而是由您出面，利用外交途径让赵国与韩国向秦国割让土地。这样赵国与韩国所割让的土地就是您范雎的功劳了。”

于是范雎入宫面见秦昭王：“大王，最近连年征战，我们秦国的士兵太过于乏累了，再这样进攻下去不一定能取得更大的战果。不如允许赵国与秦国割地讲和，也给我国一段休养生息的时机。”

秦昭王对范雎向来言听计从，自然传旨双方罢战，令白起停止作战部署。

远在上党的白起已经拉满了弓，正想大干一场，忽然听到“鸣金收兵”，心中非常不悦，细一打听，才知道是范雎为了不让自己立功，在秦昭王面前进了谗言。从此之后白起与范雎结下了梁子。

书读至此，不由得使我想到了楚汉相争，刘邦大败项羽之后，曾经大宴群臣论功行赏。刘邦将坐镇关中，为前线部队提供粮草的萧何被评为第一功臣，很多斩将杀敌的武将都不服气。

刘邦曾经说过这样一句话：“夫猎，追杀兽兔者狗也，而发踪指示兽处者人也。”也就是说在打猎的时候，能够追杀猎物的是猎狗，而指挥猎狗出击的是猎人。坐镇后方指挥调度的人的功劳要大于两军阵前杀敌攻城的武将。

秦昭王也不会不明白这样的道理。一旦秦国得到天下，秦昭王面南背北称帝，第一功臣不可能是白起，肯定会是范雎，就像后来秦始皇时期统一六国，第一功臣也是李斯，而不会是王翦等战将。

范雎害怕白起出风头与自己争功，而因一己私利，使得本有可能攻灭赵国的秦军在太行山停下脚步。不得不说，这并非明智之举。此举不但让秦国将相不和，让白起后来对秦昭王的命令消极抵抗，以致最终自杀身亡，而且为范雎后来的失势做了铺垫，为秦国在秦昭王后期的不断失败埋下了隐患。可以说，此举对己、对人、对国家都没有半分好处，是范雎一生中最大的败笔。

赵王的昏招儿

秦国同意议和之后，赵孝成王亲自到秦国谢罪讲和。秦国要求赵国割让六个县作为讲和的条件。赵孝成王只能允诺。

赵孝成王回到邯郸后，准备派遣赵郝为使节到咸阳去做六个县的交割工作。但是，虞卿却不同意将六个县割让给秦国，他劝阻赵孝成王说："秦国没有攻打赵国，现在已经撤兵，秦国是因劳师远征感到疲倦而撤兵呢，还是明明可以继续进攻，却愿与大王友好相处而停止进攻呢？”

赵孝成王哭丧着脸说道："秦人哪有如此仁义，秦人进攻寡人可以说不遗余力，现在是师劳兵疲才停止进攻的。”

“既然如此，秦军拼尽全力都没有得到的土地，我们为什么要拱手相让呢？这不相当于帮助敌人来攻打我们自己吗？今年秦军攻打我们，我们就割让六个县的土地，秦军吃到甜头，明年还会卷土重来，到那时我们又要割让多少个县的土地呢？”

虞卿一番话，问得赵孝成王哑口无言。赵孝成王转而又同大臣赵郝商议，赵郝是个亲秦派，他与虞卿的看法针锋相对：

“今年不肯割让六个县的土地来讨好秦国，秦国没有吃到甜头，明年同样会卷土重来，到那时恐怕不是六个县的土地的问题了，连赵国的腹地都要割让出去。”

赵孝成王没了主意，觉得赵郝的说法也有道理，关切地问道：“寡人割让六个县的土地给秦国，你能保证秦国明年就不再攻打寡人了吗？”

秦国出不出兵这样的大事一个赵国的臣子怎能保证？赵孝成王向赵郝问出这个问题就很可笑，他已经被秦国打得晕头转向，有病乱投医了。

赵郝自然是不肯担保，他仍然在竭力劝说赵孝成王讨好秦国：“这件事微臣不敢保证。不过大王可以想想，过去三晋国家都同秦国交好，而如今秦国对韩、魏两国都很亲善，却独攻打大王，我想是因为大王对待秦国的诚意不如韩、魏两国，大王不如在割让六个县的土地之后进一步开启国门同秦国互通贸易，如同韩国、魏国一样对待秦国，这样不至于在明年招来秦国的进攻了吧。”

虞卿是坚定的抵抗派，听了赵郝的话，说道：

“今年讲和就要割让六个县的土地，今年若不讲和又会招来秦军明年的进攻，但是即使今年讲和，秦军在明年也不见得就不会进攻。这样看来，不讲和会被打，讲和也不见得不会被打，还不如铁了心不同秦国讲和，跟秦国大干一场。

“料想秦军再强，也不可能一次进攻就占领六个县的土地。我们还不如将六个县的土地割让给其他诸侯国，联合其他诸侯国一同抗秦，这样虽然也失去了六个县的土地，但却能显示出我们赵国的骨气来，或许还能击败秦国，从秦国得到一些土地来弥补我们的损失。总之要比白白割让六个县的土地还不一定换来和平要好得多吧？

“如果秦军真的不费吹灰之力就得到我国六个县的土地，秦国就会更强大，赵国就会更弱小。秦国还会向赵国讨要土地，我们再割让，秦国再讨要，大王能拿赵国有限的土地去讨好秦国无限的欲望吗？如此下去，恐怕秦国与赵国之间一仗不打，赵国都要亡国了！”

主和派和主战派的观点针锋相对，似乎都有一些道理，赵孝成王举棋不定，正在他狐疑之时，大臣楼缓自秦国归来，赵孝成王赶紧请楼缓来商议此事。

楼缓在赵武灵王时代就是赵国所倚重的重要大臣，赵武灵王胡服骑射最早的支持者之一。他活跃在战国舞台上将近五十年，还曾代表赵国入秦为相。到了赵孝成王时代，楼缓已经是赵国德高望重的老臣，也是赵国最具权威的对秦问题专家。如今对秦是战是和，楼缓的意见无疑举足轻重。

赵孝成王急切想听取楼缓的意见，但是楼缓却对这个问题避而不谈，说自己不适合参与这一问题的讨论。

赵孝成王问原因，楼缓回答：“大王一定知道早年在鲁国有位大臣叫公甫文伯，在他去世的时候，他的姬妾中有两人为他自杀。他的母亲听说此事，颇不以为然，对别人说：‘孔子是我们鲁国的圣贤，当年孔子被鲁国国君驱逐的时候，我的儿子却不跟随孔子周游列国，而是继续在鲁国为官。如今他死了，他的姬妾中居然有两人为其自杀，看来我儿子对待圣贤的情义淡薄而对待姬妾的情谊深厚，这有什么值得称道的呢？’”

赵孝成王点点头，他也知道这一典故，但不清楚这一典故同眼前的问题有何联系。

楼缓接着说：“这番话由公甫文伯的母亲说出，大家就心悦诚服，如果这番话由公甫文伯的妻子说出呢？大家会怎么想？一定觉得这个女人过于嫉妒了。所以同样的话，由站在不同位置的人说出，别人的看法是不一样的。就比如我吧，我本认为不向秦国割地求和不是上策，但我刚刚从秦国回来，如果我说应该把六个县割让给秦国，大王和朝中大臣一定以为我在秦国得到了什么好处，回到赵国就替秦国讲话，所以我应该避嫌，不参与这件事的讨论。”

楼缓的这番话水平很高，他利用一个典故讲出了一番道理，但委婉地表达了自己的观点——应当同秦国割地求和，还让别人抓不住把柄，开脱了自己的责任。

赵孝成王理解了楼缓的意思，他再次召见虞卿，把楼缓的一番话说给虞卿听。虞卿仍然坚持自己的观点，并认为楼缓很有可能已经在为秦国服务。同时，虞卿向赵孝成王谈出了自己的具体规划：

“将本已答应给秦国的六个县城转赠给齐国。齐国是秦国的死敌，得到赵国的土地后，一定会同赵国结盟，共同抵抗秦国。两国结盟后，秦国一定会感到畏惧，主动来同赵国讲和。到那时，赵国将秦国来同自己讲和的消息在诸侯间大肆宣扬，魏、韩等弱国见到秦国都这样重视赵国，一定会携带大量珍宝来讨好赵国，同赵国结盟，接受赵王的领导。这样赵国就可以六县之地，同齐、魏、韩三国亲善，同时牵制震慑秦国。这样做不但能遏制秦国对赵国的侵略，还能挽回赵国的颜面，远比一味向秦国示弱，出卖赵国土地给秦国要有利得多。”

对此，赵孝成王表示同意，最终拍板，不再向秦国割让六个县的土地，而是准备将六个县的土地转让给齐国，换取齐国同赵国结盟共同抗秦。

然而，正是赵国君臣的这一决策，使赵国陷入了更严重的灾难之中。

围城

对于秦国的进攻，楼缓、赵郝等人的投降政策固然不可取，虞卿寸土不让誓死抗争的精神固然可嘉，但是虞卿对当时天下大势的分析却并不准确。

首先，秦国并非真的因为师劳兵疲而放弃对邯郸的进攻，在长平之战之后，秦军是有能力冲下黄土高原，给赵国致命一击的。真正让白起撤军的原因是范雎从中作梗，不愿让白起夺得灭赵之功。

其次，虞卿想用六座县城来贿赂齐国，希望同齐国结成反秦联盟。这从根本上说，是针对范雎给秦昭王所出的“远交近攻”之策的一种反制。

齐国虽然曾经同秦国是死敌，但是秦昭王实行远交近攻政策之后，已经竭力同齐国结好，进而集中精力攻取与秦国邻近的三晋国家。究竟是范雎的远交近攻政策能够占先，还是虞卿的联齐抗秦计划能够成功，关键取决于齐国的态度。而此时当政的齐王建是齐国的末代君主，他胸无大志，墨守其成，庆幸于秦国不再进攻自己，得过一日是一日，不愿卷入秦国同三晋国家的抗争。虞卿为赵孝成王所选择的这个盟友是极为软弱和不可靠的。

因此，虞卿对于秦国实力以及齐国态度的分析都不正确。事实上，秦国仍有余力攻打赵国，齐国却并不会支援赵国。基于这两大条件，虞卿的计划是不可能成功的，非但不会成功，赵国先允诺割让土地后又反悔，这种出尔反尔的行为还会激恼秦昭王，给秦国出兵讨伐赵国以口实。

秦昭王得知赵国自食其言，不再同秦国讲和，更不会割让给秦国六个县之后，简直怒不可遏，决定倾全国之兵，直趋赵国腹地，围困邯郸。若能攻下邯郸，则一举灭亡赵国。即使邯郸难以攻下，也要逼迫赵王割让更多的土地。

此次作战，是要歼灭一个大诸侯国的壮举，谁能为秦军统帅？秦昭王第一个想到的当然就是武安君白起。然而此时白起却一病不起。秦昭王便挑选了五大夫王陵做统帅，带兵出征。

王陵带兵攻到邯郸城下，赵国军民在生死存亡时刻，上下一心积极抵抗。王陵强攻了几次都毫无进展。秦昭王对赵国的抵抗决心估计不足，没想到赵国在长平一战主力被全歼的情况下，还能在邯郸顽强地顶住秦军的进攻。

秦昭王认为秦军过少不足以攻下邯郸，又陆续派出增援部队，来到邯郸城下支援王陵。但是王陵不但没有攻下邯郸，反而损失了大量人马。秦昭王每日听着前线的战报心如火焚。

就在此时，白起大病初愈。秦昭王迫不及待地下命令让白起到前线替换王陵。然而白起却摇摇头，表示秦军已经失掉了最佳战机，如今再在邯郸坚城下强攻，只能白白牺牲秦军将士的生命而已。

对此秦昭王非常不解："长平大战我秦国虽然取胜，但也付出了极大的代价，百姓饥饿、国库空虚，白起将军你当时在前线，却三番五次恳求我继续派兵派粮，要一举消灭赵国，我觉得不可行，故让将军撤军。如今经过休养生息，秦国粮草充足，军队精力旺盛，而您却阻止我进攻赵国，这是为何？"

白起回答说："因为像大王您所言，长平一战秦国虽然取胜，但也损失惨重。如今秦军出兵千里去攻取大诸侯国的国都，本来就是毫无把握的事情。更何况，长平一战秦军大胜，赵军大败，秦人无不欢欣鼓舞，而赵人无不恐惧悲愤。大王厚葬阵亡将士，优抚伤员，重赏有功之人，自然是可以激励士气。但是反观赵国方面呢，他们的死难将士得不到收殓，受伤的将士也得不到治疗，国内一片哭泣之声，但正因如此，也促使赵国上下勠力同心。所以说秦军的士气虽然很旺，但是哀兵必胜，大王不要低估了赵国人为自己父兄报仇的决心。赵国君臣害怕亡国，自长平战败以后，卑辞重币结好各个诸侯国，赵国宗室女子四面出嫁，同燕、魏结亲，同齐、楚交好，在这个时候攻伐赵国又怎么能取胜呢？"

白起的话是非常有道理的。长平一战，白起曾想顺势灭亡赵国，那时赵国新败，主力尽丧，从长平至邯郸，赵国根本组织不起有效防御，邯郸城内也是人心惶惶，各大诸侯国也被秦国的战功惊得目瞪口呆，还没有缓过神来。当时如果白起挥师东进，是极有可能攻陷邯郸甚至一举灭亡赵国的。

如今已是此一时彼一时。赵国上下同仇敌忾，下定了抵御秦国的决心，赵国在邯郸的防御工事，也已经修建完毕，各大诸侯国不想眼睁睁地看着赵国被秦国吞掉。因为这样只能使秦国势力更强，诸侯国都有可能成为下一个赵国，所以他们很有可能共同救援赵国。在这种情形下，秦国已经丧失了攻取赵国的有利条件，所以白起不愿出兵，但是秦昭王却不这样认为……

战神不出战

长平之战后，秦昭王叫停了白起挥师东进的军事行动，白起心中一直愤愤不平。

秦昭王觉得白起这次拒绝出征是在闹情绪，白起的病有可能都是装出来的。秦昭王心中对白起非常不满，只是面对这样一位功勋卓著的老将，加之如今正是用人之际，秦昭王按捺住自己的情绪，没有表现出来罢了。

自己身为一国之君，自然不能向白起道歉，但是上次命令白起班师回朝是范雎的主意，于是秦昭王就让范雎亲自去见白起，希望范雎能给白起道个歉，让白起消了气，将他请出山。

但是范雎根本不是去道歉的，范雎见到白起后，用略带责备的口吻对他说：

“白起将军，范雎有一事不明，想当面请教。我国是地方五千里、将士上百万的大国。将军率数万之众进入楚国如入无人之境，攻占郢都，焚毁楚国宗庙，楚人震恐，向东迁徙不敢西顾。后来将军同韩国、魏国相战，此二国兴师动众，而将军所带的士卒不及他们的半数，却能在伊阙将他们击败，斩首二十四万人，血流漂卤，使韩国、魏国至今仍然是秦国东方的藩属。这都是将军的功劳，天下谁不知晓？然而如今赵国士卒死于长平者十之七八，赵国国内空虚，将军率领得胜之师数倍于赵国之众，攻伐赵国，势必灭亡赵国。先前以寡击众都能取胜如神，而如今以众击寡，却为何裹足不敢出征呢？”

白起心中非常清楚，若不是上次范雎从中作梗，恐怕早已灭亡赵国，焉能有今日邯郸之阻？如今范雎又来质问自己，白起心中窝火，但范雎代表大王而来，白起又不得不耐着性子给范雎解释：

“范雎先生有所不知。楚国虽然强大，但正因如此，楚王自恃强大，不纳金玉良言，流放忠良之臣，身边围拢着献媚的小人，百姓也同他离心离德，军队虽有百万，却毫无斗志，城池虽多，但城墙颓坏都不修整。而我们秦国的将士均以军中为家，以将帅为父母，以身边的战士为兄弟，一心同功，死不旋踵，故此秦国进入楚国国土如入无人之境。

“伊阙一战，韩、魏两国相互猜疑，韩国不想让自己的军队做先锋，而魏国却执意以韩国的军队做先锋。他们心思不一，使我找到破绽，一战而功成。

“而今日赵国军队在长平战败，我们没有乘胜追击，一鼓作气拿下赵国，使得赵国有了休养生息之机，粮食得以种植收割，甲兵得以修缮磨砺，城池得以加宽加厚。赵国上下看到亡国的危机，更加努力同心，每个人都倾注自己所有的能力来共同保家卫国，我听说平原君都令他的妻妾到部队之中为战士缝补衣服。赵国如今是君臣一心上下同力，就好像当年勾践被吴国打败卧薪尝胆之时一样。

“我们秦国不远千里去攻伐这样的国家，又怎么可能获胜呢？况且还有那么多诸侯国不会坐视赵国败亡不理不睬，因此围困邯郸，未必可拔，攻伐赵国，必不可克。我看攻打赵国是百害而无一利，因此范雎先生还是赶紧回去劝大王速速撤兵吧。”

无论范雎怎样劝说白起，白起仍然是那一套理论，认为即使自己出征，秦军也无法攻取邯郸，最后干脆称病，拒绝挂帅。

白起征战一世，在两军阵前屡出奇谋，然而白起善于谋兵，却不善于谋身。范雎与白起本身就不和睦，白起这个样子，无异于将把柄给了范雎。范雎巴不得白起拒绝出征，这样就可以在秦昭王面前中伤白起，甚至将来秦军失败，这个责任也可以间接地要白起承担。

果然，范雎回禀秦昭王，在秦昭王面前添油加醋一说，白起如何如何装病，不肯为国效力。秦昭王一听勃然大怒："没有白起，难道寡人的秦军就不能攻灭赵国了吗？"

赐死良将

秦昭王开始和白起斗气，命长平之战中白起的副手王龁为大将到邯郸接替王陵，并将秦军的精锐悉数派往邯郸，希望在没有白起的情况下也能攻占邯郸。

王龁来到军中，率领秦军一次又一次向邯郸猛攻，然而秦国的旗帜仍然无法插上邯郸城头。不但如此，赵国还派出小股部队袭扰秦军的后方，开辟了敌后战场，同秦军打起了游击战。

病床上的白起听说前线的秦军作战不利，摇头叹息道："大王不听我苦口婆心地劝说，如今结果又如何呢！"转眼间过去了八九个月，秦昭王每日都得到秦军作战不利的消息，他坐卧不宁，心急如焚，自知没有白起秦军很难取胜，只好放下一国之君的尊严，耐着性子到白起的府邸去看望白起。

此时的白起卧床不起，秦昭王坐在床边对白起说："将军您虽然身染沉疴，但如今国家正是用人之际，您既然无法起床，我让士卒抬着也要把您抬到邯郸去。只要有了战功，我一定重重封赏，但是如果您仍然拒绝出战……”

话说到这里，秦昭王突然说出了一句狠话：“寡人恨君！”白起听秦昭王如此说，知道秦昭王已给他下了最后通牒，如果再不出征，秦昭王颜面无存，自己恐怕也要有性命之忧。但是白起客观分析战场形势，觉得秦军确实难以在邯郸取胜，他挣扎着勉强坐起来，在床头对秦昭王深深顿首，再一次苦口婆心地劝说道：

“臣下知道，大王必须要臣下到前线挂帅。如果我去了邯郸，即使秦军战败，大王也会免除我的罪责。如果我拒绝出战，即便没有其他罪过，怕也难逃被杀。但是臣下还是希望大王能够好好地思考一下臣下所说的话，暂时放弃攻打邯郸，让部队能够得到休整，百姓也能够得到休养生息，以静制动，观察天下诸侯的变化，再决定主攻的方向，去攻打那些无道的诸侯，就可以以此号令天下。

“大王为什么一定要同赵国较劲，去攻打邯郸那样的坚城呢？大王只不过是想在赵国得到自己的心理满足罢了。如果我始终不去出战，看似大王被自己的臣下所屈服，但是这样可以使大王在将来战胜天下人。如果臣下硬着头皮出战，大王自然是让自己的臣下屈服了自己，但是却要在邯郸城下打败仗，大王就要被天下人所屈服。战胜自己的臣下同战胜天下人相比，哪一个更能彰显君王的尊严呢？臣下听说明主爱其国，忠臣爱其名，国破不可能再次完整，人死也不可能复生。臣宁愿受罚伏诛，也不想去做败军之将，希望大王明察。”

秦昭王见白起心意已决，根本就没有再同他讲话，而是站起身躯拂袖而去。盛怒之下的秦昭王传下旨意，将白起的官职一撸到底，贬为普通士兵，责令白起迁出咸阳，流放到阴密（今甘肃灵台西南）。

白起因重病卧床行动不便，故而没有成行。

又过了三个月，前方战场的形势对秦军更加不利，失利的消息像雪片一样飞到咸阳。而白起的病却稍稍好转，秦昭王害怕白起将来被其他诸侯国所用，责令白起马上迁出咸阳。

白起走后，秦昭王与范雎等人议论:“白起在离开咸阳时颇有怨言，有怏怏不服之意，恐怕留其在世上终究是个祸害。”秦昭王派使者骑快马追上白起，赐给他一把宝剑，令其自裁。

白起手持宝剑，行将自刎之时仰天长叹:“我因何事获罪于天，落得如此下场?”他望着这个世界留恋了许久，转念道:“我确实该死。长平一战赵军降者数十万人都被我坑杀，我不该死谁该死呢?”说着自刎身亡。战国第一武将便落到了如此的下场。

白起在历次作战中杀人过重，据不完全统计，史籍中所记载的白起军队斩首人数总计在百万左右。这在当时是一个非常惊人的数字。一个大诸侯国也不过二三百万人口，所以白起也被后人称为战争屠夫。

但是他在秦国的统一过程中又居功至伟，他所指挥的战争大大加速了秦国统一的历史进程，也等于缩短了征战频仍的战国乱世的寿命，从这点上来看，他或许还拯救了更多人的生命。

秦国百姓大都感念白起，因白起对秦国功勋卓著又无罪而就戮，秦国百姓敬重他、怜悯他、怀念他，开始在秦国乡村城邑祭祀他。

第十四章 三国合纵

向谁求救

白起拒绝出征，自尽身亡。但邯郸前线的战事一天不能耽搁。范雎向秦昭王举荐自己的恩人郑安平为将军，率领两万秦军到邯郸支援王龁。为了和白起斗气，和邯郸斗气，秦昭王已经孤注一掷。除了各地的戍守部队，郑安平所率领的这两万人马已经是秦国所能派出的最后一支军队了。

此时战争的另一方，邯郸城内被动挨打的赵国君臣又在做些什么呢？邯郸方面针对秦国的大举进攻，采取坚壁清野固守坚城的措施，同秦军大打持久战、防御战。他们固守在邯郸城内，绝不轻易出战，避免让秦国找到同赵国仅存的主力决战的机会。

当年廉颇在长平坚守不出，赵孝成王耐不住性子，一再催促廉颇出战，最终让赵括代替廉颇。如今倒好，赵军不在长平坚守不出，改在邯郸坚守不出了。这恐怕就是历史对于赵孝成王与赵括的讽刺吧。

好在赵孝成王并非昏庸之主，当年针对长平的错误决定只是新君继位缺乏经验而已。在长平交了巨额学费之后，赵孝成王也不再自恃才智高人一等，非要建立什么自己的少壮派班底，而是处处听从平阳君赵胜、虞卿等老臣的建议，耐心在邯郸固守待援——当然不耐心也无计可施。

除了坚守邯郸城防之外，赵军还将精锐部队组成多股游击武装，同邯郸城外赵国其他城邑的戍守部队相策应，与秦军开展了一场持久的敌后游击战。他们不断袭扰秦军的后勤供给部队，破坏秦军粮草运输路线，劫杀秦国使者，并伺机杀伤秦军小股有生力量。这些战术措施都使得秦军顾头难顾尾，顾东难顾西，疲于应付，头疼不已。

以前长平之战是赵方主动换将，今日邯郸之战，赵军则迫使秦军一而再地更换将领，但是因武安君白起不肯出战，秦国的其他将领虽然能够包围邯郸，却无法登上邯郸城头。

转眼两年过去，邯郸仍然在赵国人手中。但是长此以往不是办法，邯郸是一座围城，完全没有后勤补给，粮草消耗一天就少一天，箭矢射出一支就少一支。现在仅靠赵国的力量，无法赶走秦军。赵国只能求助于其他诸侯国来支援解围。

然而谁肯为了赵国得罪虎狼之国秦国呢？战国七雄，除了秦、赵两国，还有齐、楚、燕、韩、魏五国。

因范雎的远交近攻策略，秦国一直千方百计同齐国修好，齐国受到秦国友好态度的蒙蔽，同秦国打得火热，不来帮助秦国共同伐赵已是谢天谢地了，根本不能指望它来帮助赵国。

燕国虽然同赵国是姻亲国家，赵孝成王的姊妹嫁给了燕王为后，但燕国同赵国向来不睦，两国之间有领土纠纷，燕国希望在赵国灭亡时浑水摸鱼，捞取一些赵国领土，自然也对秦国进攻赵国袖手旁观。

韩国国力弱小，又紧邻秦国，早已被秦国吓破了胆，打寒了心，自顾尚且不暇，哪里肯出兵帮助赵国呢。

放眼天下有可能帮助赵国的只有魏国和楚国两家，于是赵国开始频繁开展针对魏国与楚国的外交活动，希望组成楚、魏、赵合纵联盟，共同对抗秦国的进攻。

魏国的信陵君与赵国的平原君是姻亲关系，信陵君的姐姐是平原君的夫人。邯郸被围困之后，平原君多次以自己和夫人的名义，给魏安厘王和信陵君写信，希望魏国速派援兵救赵。

邯郸在赵国国土最南端，由邯郸向南不远就是魏国领土，尤其是魏国的陪都邺城，离邯郸战场非常近。魏安厘王和信陵君对于秦赵邯郸之战非常重视，害怕战火会波及魏国，尤其害怕秦军会趁势攻打邺城，因而魏安厘王派出以大将晋鄙为首的十万军队，以援助赵国为名到魏、赵两国边境观察动静。这支军队此刻已经离开大梁，行进在路上。

楚国不属于三晋国家系统，与赵国交往不多，不是几封书信就能搞定的事。为了请求楚国出兵，必须要平原君亲自走上一趟，去同楚王订立合纵盟约。

春中君

如今的楚王是楚考烈王。前文我们曾讲过，楚国使者黄歇凭借一封书信避免了秦国对楚国的战争。黄歇回到楚国，得到楚顷襄王的褒奖，并令其再次为使者护送楚国太子熊完赴咸阳为人质。

到咸阳后，黄歇并没有直接回国，而是陪同太子在咸阳滞留了数年。在此期间同太子结下了深厚的友情。数年之后，楚顷襄王病危，而楚太子仍然滞留咸阳不得回国。太子与黄歇都与秦国丞相范雎友善，黄歇就来面见范雎，希望范雎帮助太子熊完回国继位。

黄歇对范雎说道:“范雎先生是与我国太子真心交好吗？”

“当然是啦！”范雎回答道。

“既然如此，如今楚王病危，恐怕不久于人世，范雎先生为什么不劝说秦昭王速速放楚太子回国继位呢？如果秦国能够释放楚太子回国，太子继位之后，一定会感念秦国的恩德，同秦国友好相处。如果秦国死抓着太子不放，楚国宗室众多，楚人一定会另立其他人为楚王。而这位新继任的楚王肯定不会同秦国友好。到时候楚太子失去了他的政治地位，即使滞留在秦国，充其量如同咸阳市中的一个普通平民百姓一样罢了，无法发挥他在楚国那样的政治作用。这对秦国有什么好处呢？这样的道理不是很明显吗？”

范雎觉得黄歇的话非常有道理，就进宫面见秦昭王，希望秦昭王能释放楚太子熊完回国即位。

但秦昭王对楚顷襄王的病情持怀疑态度——真的如同楚人说的那样，楚顷襄王已经一病不起了吗？他会不会是装病想要诓骗寡人释放太子回国呢？

考量再三，秦昭王觉得没有把握，于是他发下话去，先让楚太子熊完的师父回国探病，看一看楚王是否真的病入膏肓，再回咸阳报告。到那时秦昭王再考虑是否释放楚太子回国。

黄歇与楚太子听到这个消息都一筹莫展。若按秦昭王的旨意去办，怕等不到楚太子回国，楚顷襄王就一命呜呼了。这到底该如何是好？最后黄歇想出了一条妙计，他对太子说:“秦国扣留太子您在咸阳，不过是想在您身上捞取一些好处，然而您身在咸阳无权无势，根本不可能给秦国好处。如此一来秦国也就不可能放您回去。现在阳文君的两个儿子都在楚国国内，如果大王捐弃万民撒手人寰，太子您又不在国内，阳文君的儿子必定会被立为楚王。太子您不如装扮成为楚国使臣赶车的车夫，赶快逃离秦国。我留下来在这里敷衍一阵，待您走远之后，我再告知秦人，您已经离开秦国，到那时他们也就无可奈何了。而至于我，杀剐存留悉听他们尊便吧。”

楚太子熊完听后非常感动，他不忍心黄歇留下来替他去死，但是事已如此，也没有其他办法可想，只能含泪换上车夫的服装，随同楚国使臣一同出武关去了。

黄歇则继续留在驿馆之中，他以太子熊完突生疾病为名，谢绝了所有的宾客。过了几天，估计楚太子已经逃出秦国国境，黄歇这才向秦昭王去自首，声言自己已经擅自释放楚国太子熊完回国了。

秦昭王闻讯大发雷霆，他派兵去抓楚太子，然而楚太子早已逃离了国境。秦昭王无处撒气，就下诏让黄歇自裁谢罪。

范雎闻讯劝阻道：“大王这样做不妥。如今楚太子已经逃回楚国，必定会被立为楚王。大王对楚太子的回国百般阻挠，楚太子已经非常不满，继位之后恐怕要同秦国作对。而黄歇同楚太子交情深厚，为救楚太子又不惜冒杀身之祸。大王如果赐死黄歇，楚太子一定会为黄歇报仇，到那时恐怕秦国同楚国的边境就永无宁日了。而如果大王释放黄歇回国，黄歇一定会受到楚太子也就是新楚王的重用，甚至会被拜为相。黄歇感念大王的不杀之恩，就会从中调停楚国与秦国的关系，使楚国同秦国亲善。这才是如今可行的补救办法，要远比一怒之下杀死黄歇有利得多啊。”

秦昭王冷静下来想了想，道理确实如此，就听从了范雎的意见，释放黄歇回国了。果然，楚太子回到楚国仅仅三个月，楚顷襄王就去世了。太子熊完顺利地被立为新任楚王，也就是楚考烈王。

这时黄歇也已经回到国内。楚考烈王对黄歇这位忠肝义胆的救命恩人感恩戴德，任命他为楚国宰相，全权处理朝政事务，封其为春申君，并将淮河以北的十二个县赐给他作封地。

赵国的邯郸被秦国围困之时，正是楚考烈王继位的第五个年头，楚考烈王在春申君黄歇的辅佐之下励精图治，楚国的国力很快恢复。秦、赵两国在长平和邯郸开战的时候，楚国趁着天下诸侯的注意力都在太行山两侧，出兵兼并了鲁国。鲁国这个坚持了八百年的周公封国亡国了。

赵孝成王想同楚国合纵，让楚考烈王做盟主，希望楚国能发派援军解救邯郸之围。但是正如范雎料想的那样，楚考烈王与春申君当政后，楚国与秦国的关系较为缓和，楚考烈王并不一定会答应同赵国合纵，准备出使楚国的平原君需要做两手准备。

他对赵孝成王说："现在赵国已到了生死存亡的边缘，我到楚国之后，假如通过谈判可以取得楚王的认可，参与合纵并领导合纵，那是最好的了。假如谈判不成功，我也要在楚王的大殿上挟持楚王，逼迫他订立盟约，只有这样才能挽救赵国。我想带领二十位文武兼备的贤士共同出使楚国，这些人可以作为我的左膀右臂。因事出机密，从外面的人中挑选恐怕多有不便，还是我自己从我的食客中挑选吧。"

毛遂自荐

平原君回到府上后，开始对他的食客进行挑选。

平原君的食客分上中下三等。与平原君共同赶赴楚国，执行如此重要的任务，自然要在上等食客中挑选。既要有勇有谋，又要德才兼备，说起来容易选起来难，选来选去只选出十九个人，剩下的最后一个人怎么也挑选不出来了。

这时，平原君的一个下等食客凑了过来："大人，我听说阁下要带着二十个人到楚国去订立盟约，此事事关重大，还有一个名额无论如何也凑不齐，我想自己推荐自己，让我凑个数吧。"

平原君一看，这个人是自己的下等食客，叫什么一时还想不起来了，平原君仔细回忆了一下，才想起这个人叫毛遂。

平原君非常不屑，冷笑着说道："先生寄居在我的门下有多长时间了？"

"已经整整三年了。"

平原君摇了摇头："我听说有才能的人即使自己不愿意露出锋芒，也会如同放在口袋里的锥子一样，锋芒会自己显露出来。如今先生在我的门下已经三年了，我的左右从来没有向我称赞过您，也没有推荐过您。我也从来没有听说先生有什么特殊的才能，今天若不是您主动站出来，我都快把您的名字忘记了。这证明您并没有什么过人之处，您还是留在邯郸城里吧，没必要和我一同去楚国了。"

毛遂答道："但是阁下也并没有把我放在口袋里呀。若是将我放在口袋里，整个锥子都已经刺出来了，还是显露一些锋芒的问题吗？请大人今天就把我放在口袋里吧。"

平原君见毛遂执意要去，说话也能同自己针锋相对，似乎还有一些争辩的才能，自己又一时凑不够人手，最终只好答应叫上毛遂一同前去楚国了。

另外被选中的那十九名食客，听说毛遂真的被选中了，都相互看了一眼，流露出不屑的神情。

一路上，毛遂同另外十九名食客住在一处，形影不离。他们纵论天下大事，毛遂说得头头是道，经常有惊人之语，这十九名食客才慢慢了解毛遂，知道他有经天纬地之才，逐渐改变了对他的看法，由鄙视变为佩服。

到达楚国都城后，平原君带着二十名食客入楚宫见到楚考烈王。平原君同楚考烈王谈判订立盟约之事，尽管平原君再三强调秦国的狼子野心，讲清赵国与楚国合纵的好处，但是楚考烈王仍然犹豫不决。

谈判从日上三竿开始，一直持续到正当午时，仍然没有一个结果。在朝堂下等待的那二十名食客渐渐有些焦急，其他十九人就鼓动毛遂："还是先生登堂，为平原君大人解除眼前的困境吧。"

毛遂听后，手按剑柄霍然而起，快步登上楚国的朝堂，径直来到平原君面前对他说："究竟合纵或不合纵，联盟或不联盟，是利还是害，两句话就能说清了，怎么从早晨谈到中午还定不下来，这是为什么呢？"

楚考烈王同平原君正谈得兴起，忽然发现跑上来一人，连看都没有看自己一眼，更没有对自己行礼的意思，却对平原君说了这样一番话。楚考烈王很是纳闷，也很生气，他对平原君说："这个人是做什么的？楚国的朝堂岂是他来去自如的地方，一点规矩都不懂。"

平原君抱歉地答道："这是我的随从，也是我的家臣。"楚考烈王一听火撞顶梁，对着毛遂高声喝道："寡人同你家主人谈判，这里有你说话的地方吗？还不赶紧给我退下去。"

楚考烈王没有治罪毛遂，已经是看平原君的面子了。换作一般人，就该识趣地退下堂去。可是毛遂却丝毫没有畏惧，他手握剑柄径直走到楚考烈王面前，怒目而视，对楚考烈王说道：

"大王今日敢在这里呵斥我，不过是因为你是楚国的大王，楚国兵强马壮人多势众罢了。但是我与大王此刻仅有十步的距离，一挥剑就能要了大王的性命。大王觉得你那些兵马如今用得上吗？大王还是耐心听我说上几句吧。"

毛遂的这一番话颇似当年渑池相会时蔺相如对秦昭王说的一番话，都是舍命相搏，以死相抗。楚考烈王也同秦昭王一样，不想吃眼前亏，只好耐心地听毛遂讲下去。

毛遂继续说道："虽然楚国兵强马壮，但又有什么用呢？当年商汤只有地方七十里，同样击败了夏桀，统一了天下。文王只有不过大小百里的地盘，同样击败了商纣王，使天下诸侯臣服。他们都是因为兵强马壮而取胜吗？当然不是，他们只不过善于审时度势，勇于发愤图强罢了。

"楚国是地方纵横五千里的大国，带甲的士兵上百万，这是大王可以称霸天下的资本。楚国如此强大，横扫天下应该势不可当。但是你们楚国又怎么样呢？秦国的白起不过是一介匹夫，带着几万人的军队闯入楚国如入无人之境，第一战就攻克了鄢郢，第二战就烧毁了夷陵，第三战就使大王的祖先不得安宁，受到奇耻大辱。

“可以说秦楚之间有百世不解的深仇大恨。大王身负如此国恨家仇，连我们赵王都感到羞耻。而大王如今高坐堂上，夸夸其谈，大谈特谈合作的利弊，丝毫不感到羞愧。你以为楚赵两国联合是为了赵国？不！是为了你们楚国。祖先的耻辱不去洗刷，祖国的仇不去报，我要是大王都不好意思活下去。大王你还有什么脸面在我的主人面前呵斥我呢？”

楚考烈王听了这样一番话，羞愧得无地自容，不住地点头说道：“是是是，先生教训得对。我一定像先生所说的那样，倾全国之力同赵国同盟共同抗秦。”

毛遂怕还有反复，进一步逼问：“大王可曾想好了？同盟的事确定了吗？”

“绝不反悔！”楚考烈王说着，马上传令：“把鸡狗马的血全都取来，我要同赵国结盟。”

有人捧着铜盘从殿下上来，里面装着鸡狗马的血。毛遂迎上去双手捧过铜盘，徐步走到楚考烈王面前，双膝跪倒，将铜盘托过头顶：“大王先吮吸盘中的血液，接下来由我家主人平原君大人吮吸，最后由小人吮吸。”

楚赵之间的同盟就这样订立了。楚考烈王当即决定，派春申君为统帅，率领楚军迅速支援邯郸。但调遣军队准备粮草还需一段时间，平原君便与自己的二十名食客先行回国，在邯郸等待楚国的援军。

赵国使团回到邯郸后，平原君对食客们说：“我赵胜再也不敢称善于识人相士了。我平日里自认为经我手、过我眼的人才没有上千也有几百，不可能遗漏治国的贤才，然而毛遂先生在我门下三年，我竟然一而再再而三地忽视了他的才能。毛遂先生随我到了楚国，他的三寸不烂之舌强于百万雄兵，使我们赵国的局势转危为安。这样经天纬地的大才，在我眼皮子底下三年，我居然都没有发现，我真是愧对毛遂先生。”从此以后，平原君将毛遂看作最尊贵的宾客。

何去何从

魏安厘王派遣大将晋鄙提兵十万前来援助邯郸，然而却在邺城附近驻军观望。春申君黄歇统率的楚国援军，要想赶到邯郸也需要一段时间。因此邯郸的困境虽有望得到缓解，却仍然暂时没有得到缓解。

如何顶住秦军进攻的压力，给楚国与魏国的援军多留一段时间，还需要赵国人自己想办法。

邯郸的馆驿有一位小吏名叫李同，他来觐见平原君说道："平原君大人是否为赵国即将灭亡而感到忧虑呢？"

"赵国是我的祖国，赵国如果灭亡，我赵胜就要成为强秦的俘虏，我怎么会不感到忧虑呢。"平原君答道。

"邯郸城已被围困了两年之久，现在邯郸的百姓非常困难，他们析骨而炊，易子相食，可以说马上就要支撑不住了。可是大人您的家中光妻妾侍女就数以百计，她们穿着绫罗绸缎，而百姓连粗布衣服都无法蔽体，她们食不厌精，而百姓连粗粮麸皮都不能果腹。我见您的家中，有那么多的青铜宝器，而如今守城的战士，连箭头都射完了，他们只能把木头削尖了做成箭射向敌人。这样下去邯郸怎么能保全呢？如果秦军攻破了邯郸，您的这些美妾和宝物还能归你所有吗？如果我们守住了邯郸，大人又何愁不能得到这些美妾和宝物呢？"

平原君不住地点头，询问李同应怎么办。李同说道："为今之计，请平原君大人下令，除去您的夫人之外，其他姬妾和侍女都编入守城队伍之中，做一些力所能及的工作。请您贡献出家中的宝物，凡是青铜器物都熔化掉制造兵器，其他宝物则奖赏给守城有功的战士。只有这样，才能鼓舞战士的士气，勠力同心守住邯郸。”

不管平原君舍得或不舍得，他并不糊涂，听得出李同的话是良言也是妙计。如今想保全邯郸，保全祖宗留下的江山，保全自己的富贵，也就只能如此了。平原君赵胜一咬牙一狠心，完全按照李同的建议执行。守城将士听到这个消息信心大增，士气旺盛。这就是先前白起向范雎所说的，赵国君臣上下同心，甚至平原君家中的姬妾都到部队中去缝补衣服那件事。

不但如此，平原君还在自己的门客和家丁中挑选了三千名敢死之士，组成了一支敢死队。李同也志愿参加了这支队伍，他们转守为攻，开城同秦军死战。秦军猝不及防，被击退了三十里。但是李同在这场战斗中阵亡，平原君将李同的事迹奏明赵孝成王，赵孝成王加封李同的父亲为侯爵。

就在赵国上下一心抵抗秦军、固守待援之时，他们终于迎来了一位名叫辛垣衍的魏国将军。然而辛垣衍却不是来帮助赵国抗秦的，他奉魏安厘王之命出使赵国，是想要劝说赵国尊奉秦昭王为帝。

魏安厘王派出将军晋鄙提大兵十万来营救赵国，然而秦昭王得知此事，马上派出使者出使魏国，对魏安厘王说：

“寡人攻伐赵国，邯郸城旦夕可下，赵国指日可破。如果魏国敢于在此时帮助赵国，那么寡人平灭赵国之后，马上就会移师魏国，到时候邯郸城的下场就是大梁城的下场。寡人一定杀个鸡鸭不剩，鹅犬不留。”

多年以来魏国已经被秦国打怕了，魏安厘王听到这一番威胁的话语吓得魂飞魄散，马上传旨让晋鄙在邺城按兵不动，观察邯郸局势的发展。这也是魏国同赵国近在咫尺，魏国的援军却迟迟无法到来的原因。

魏安厘王不敢用武力手段帮助赵国，又不忍心坐看赵国败亡，于是他想出了一个两全之策，希望劝说赵国尊奉秦昭王为帝，他再从中说和，让秦昭王撤兵。

辛垣衍来到赵国，从小路偷偷进入邯郸，面见赵孝成王和平原君，劝说道:“秦昭王当年想同齐闵王一同称帝，但是齐闵王没有应允。不久之后，秦昭王也迫于各方面的压力取消帝号。秦国这次急攻邯郸，不过是为了宣扬他的武力，希望赵国能重新尊奉他为帝。放眼望当今诸侯，只有秦国称雄于天下。秦国称帝已是必然，赵国还不如顺水推舟，尊崇秦国为帝，我国大王再从中说和，我相信秦昭王再次称帝，就会心满意足地撤兵了。”

辛垣衍的一番话还真说动了赵国君臣，两年多以来，他们虽然顽强抵抗住了秦国的进攻，但是无法迫使秦国退兵，邯郸城仍然朝不保夕。如今魏国提出尊奉秦昭王为帝的建议，也就证明魏国不愿再以武力援助赵国。如果失去魏国的援助，即使楚国千里迢迢前来帮忙，也无法保证能够击败秦军。这样一来，邯郸早晚必然失陷，与其那样，还不如趁着没有国破家亡，尊奉秦昭王为帝，换得暂时的平安，再做长远打算。

第十五章 窃符救赵

义不帝秦

正在赵国君臣犹豫不决之时，有一位名叫鲁仲连的齐国贤士前来求见平原君。鲁仲连是齐国的一位大才，却不愿为官，他周游列国，遍访天下名士。邯郸被围困时，鲁仲连正好客居邯郸，因此也被困在了城内。

鲁仲连听说赵国君臣有意以尊奉秦昭王为帝为条件同秦国讲和，认为此事不妥，这是抱薪救火、饮鸩止渴的手段，万万不可实行。因此，他才亲自登门，前来求见平原君。

一见面，鲁仲连开门见山：“我听说魏国派来使节辛垣衍，劝说赵王与平原君阁下尊奉秦昭王为帝，请问平原君阁下是如何打算的？”

平原君道出了他的无奈：“这样的大事我又怎么能讨论呢。不久之前，赵国刚刚在长平损失了四十万人马，如今秦军围困邯郸，我们赵国无计可施，苦苦等待援军，援军又久久不能到来，盼来盼去盼来个辛垣衍，让我们尊奉秦昭王为帝，这无异于让赵国投降秦国。辛垣衍如今仍在邯郸城内，我们赵国也不知如何是好。”

鲁仲连不住地摇头叹息：“以前我认为平原君阁下是天下最为贤德英明的公子，如今看来也并非如此，这样的事情又怎么能举棋不定呢。既然辛垣衍还在邯郸城中，就请平原君从中引荐，让我同他见面辩论一番，平原君阁下看我们两个人谁说得更有道理，也可以为赵王与您的决策做一个参考。”

平原君本不愿尊奉秦昭王为帝，只是邯郸被围无计可施罢了。既然鲁仲连可以同辛垣衍辩论，分析一下奉秦为帝的利害关系，平原君也非常想听一听。

平原君传话给辛垣衍，希望他能同齐国的鲁仲连先生一同讨论一下奉秦为帝的问题。鲁仲连名声誉满战国，辛垣衍早有耳闻。他知道自己若同鲁仲连辩论，恐怕会落下风，于是推托道：“鲁仲连是天下闻名的高士，我很想聆听他的教导。但是我本是魏国大将，此次前来邯郸又身负魏王使命，不方便与他国高士相见吧。”

平原君看出了辛垣衍的心思，故意说道：“我已经把您在邯郸的消息告诉了鲁仲连先生，您若不见，恐怕我面上不太好看吧？”辛垣衍不愿得罪平原君，也就只好答应同鲁仲连会面。

辛垣衍与鲁仲连见面后，鲁仲连却一言不发，等待着辛垣衍先说话。辛垣衍果然沉不住气，怏怏地问道：“邯郸城被围困两年有余，我看留在邯郸城中的人都是有求于平原君的食客，鲁仲连先生并无所求于平原君，那为什么还留在这座围城之中不逃走呢？”

鲁仲连一听辛垣衍发问，很不屑地回答道：“有一位叫鲍焦的隐士，辛垣衍将军您知道吗？他高洁自守，耻于生活在浊世之中，于是逃入森林，最终抱树而死，这样的气节令人心生敬意。而秦国是虎狼之国，抛弃仁义道德，只重攻伐战功，以玩诈之术对待士兵，像奴隶一样对待百姓，这样的国家将军却想尊奉他们的大王为帝，进而统治天下。我鲁仲连虽然没有鲍焦那样的高尚情操，但是我就是跳入东海碧波之中，也绝不做秦国的顺民。我之所以不离开邯郸，之所以来见将军，就是希望阻止赵国奉秦王为帝。”

鲁仲连一句话，说得辛垣衍一个大红脸，但辛垣衍不肯就此服输：“先生想要帮助赵国，要知道邯郸城外有秦国数十万雄师，凭借先生一己之力又如何帮助赵国呢？”

“我准备替赵国出使魏国与燕国，让这两个国家出兵帮助赵国。齐国保持中立按兵不动。而楚国已派春申君率兵来帮助赵国。这样一来，有楚国、燕国、魏国三国联军帮助赵国，我相信邯郸之围可解。”

辛垣衍听后一声冷笑：“先生想要魏国与燕国帮助赵国。燕国我不了解，或许他们会听从先生的安排吧。但至于魏国，我就是魏国的使者，我们大王明确希望赵国尊奉秦王为帝，先生又如何说服我国大王派兵帮助赵国呢？”

“魏王是因为没有看清楚尊奉秦王为帝的祸患，才出此下策。若是我一番话，阐明不可尊奉秦王为帝，我相信魏王也会派兵帮助赵国。”

“秦王称帝有何后患，那就请鲁仲连先生先说给我听听吧。”

“当年周天子弱小，诸侯都不去朝见。唯有齐威王恭恭敬敬地前去朝见。后来周烈王去世了，齐威王前去奔丧，但是却迟到了一段时间。新继位的周显王就派人出使齐国，责骂齐威王：天子去世是天崩地裂的大事，新天子登基也要离开宫殿，睡在草席上居丧守孝，而齐王奔丧却敢迟到，论律应当斩首！

“当时天下已经没有诸侯服从周天子的权威，只有齐威王不但去觐见周天子，周天子死后还去奔丧，但就因为迟到了一段时间，就受到这样的责骂，齐威王听后自然勃然大怒，当着周国使臣的面将周显王臭骂了一顿。周朝使臣不敢再多说什么，灰溜溜地回国了。此事被传扬出去，周天子成了天下人的笑柄。

“齐威王为何对周天子以前很恭顺，后来转而破口大骂呢？就是因为受不了新继任的周显王无端的责骂，无理的苛求。魏国、赵国如果尊奉秦昭王为帝，两国的国君也打算在今后长久忍受秦昭王这样的责骂和苛求吗？辛垣衍将军不觉得魏王同秦王相比，魏王更像一个仆人吗？”

“的确如此。”辛垣衍也不得不承认。

“那么就让秦昭王将你们的魏王烹煮之后剁成肉酱吧。”

辛垣衍听了这句话非常不满：“先生怎么能口出此言，这样说也太过分了吧，我们的魏王怎么能让秦昭王剁成肉酱呢？”

“秦昭王就要称帝成为天子了，这有什么不可以呢？从前九侯、鄂侯同周文王都是商纣王的三个诸侯。九侯有个女儿，九侯自认为她长得非常漂亮，就把她进献给商纣王。但商纣王却认为她长得非常丑陋，盛怒之下将九侯剁成肉酱。鄂侯为此同商纣王据理力争，商纣王在盛怒之下又将鄂侯做成肉干。周文王听说此事，只是发出一声叹息，纣王又将周文王囚禁在羑里。为什么商纣王可以随意将九侯剁成肉酱，将鄂侯做成肉干，又将周文王囚禁在羑里？不就是因为商纣王是天子，而九侯、鄂侯、周文王是诸侯嘛。今天秦昭王与你们魏国大王同是诸侯，平起平坐，可秦昭王不久之后就要称帝做天子了。没想到贵国的大王会落到被人剁成肉酱、做成肉干的田地。”

鲁仲连说着不住地摇头。辛垣衍听后错愕不已。在一旁的平原君深知，鲁仲连虽然在说魏王，同样也在说赵王，如果赵国尊奉秦王为帝，赵王岂不也要任由秦王摆布了吗？

而鲁仲连却不依不饶进一步刺激辛垣衍：“辛垣衍将军听说过当年齐闵王前往鲁国和邹国的故事吗？”辛垣衍点了点头。

鲁仲连接着说道：“当年泗水岸边的鲁国与邹国都向齐闵王称臣。齐闵王前往鲁国，夷维子做他的随从。夷维子对鲁国的官员说：‘我们大王来到鲁国，你们打算怎样接待呢？’鲁国官员回答说：‘我们将用十副太牢的礼仪接待贵国大王。’夷维子摇了摇头说：‘鲁国向我们齐国称臣，我们大王来到鲁国，鲁国就应拿出对待天子之礼来对待我们大王。鲁国国君应迁出他的宫室，移居到别处，献出宫室的钥匙，还要撩起衣襟站在堂下伺候我国大王用膳。’鲁国官员听到夷维子这样无理的要求，就关闭了关卡，禁止齐闵王一行入境。

“齐闵王与夷维子又来到邹国，正赶上邹国国君去世。齐闵王准备以吊唁邹国国君之名进入邹国。夷维子对邹国人说，我国国君来到邹国就是天子，天子前来吊丧，不能面冲北面。你们一定要将灵位朝向北方，这样才能让天子面南吊丧。邹国群臣听了这个无理要求，同样禁止齐闵王入境。

“齐国是大国，而鲁国、邹国是小国，鲁国、邹国听了齐国的无理要求，尚且知道抗争，而魏国、赵国同秦国都是万乘之国，就因为秦国这两年打了几次胜仗，你们就要劝说你们的国君恭顺地尊奉秦王为帝，甘心让秦王做天子，看来你们这些三晋的大夫，还不如鲁、邹两个小国的奴仆。”

鲁仲连的一番话说得平原君与辛垣衍面红耳赤。鲁仲连见到了火候，接着话锋一转，将尊奉秦王为帝对于各诸侯国大臣的弊端说了出来，以此来警醒平原君与辛垣衍：

“两位大人都是诸侯国的大臣，你们只要能够取得各自大王的信任，就可以长享荣华富贵，但是如果魏国与赵国尊奉秦王为帝，大人们头上就多了一个主子。秦王就可以任意罢免诸侯国的大臣，他一定会将那些看不顺眼的大臣撤换掉，换上他所喜爱的人。到那时，恐怕两位大人自己都不能保全了吧。”

平原君听后不住地点头，他已决意劝说赵王不尊奉秦王为帝。辛垣衍也被鲁仲连说服，他站起身来对鲁仲连恭恭敬敬地连拜两次说道：“我开始以为先生不过是个能逞口舌之快的庸人，听了这一番话，方知先生真乃天下之高士，我再也不敢复谈尊奉秦王为帝的事了。”

就这样，魏国谋求同赵国共尊秦王为帝之事就此作罢。没过多久，好消息传来，魏国的信陵君带领十万魏军前来支援赵国，楚国的春申君也带领大批楚军来到邯郸城外。

如姬窃符

魏国的领兵统帅明明是将军晋鄙，怎么突然换成信陵君了呢？原来信陵君的统帅位置是偷来的，这里还有一段惊心动魄的故事，史书上称作“信陵君窃符救赵”。

魏国原本派出以大将晋鄙为首的十万军队援助赵国，但是因为秦昭王恐吓魏安厘王，说是如果魏国帮助赵国，攻陷赵国之后马上就要移师魏国。魏安厘王胆小，马上命令晋鄙停止进军，驻守在魏、赵两国边境的邺城，观望形势的发展。

平原君见魏安厘王胆小怕事，就将突破口瞄准了信陵君。平原君使臣的车子不断穿梭于赵国邯郸与魏国大梁之间，见魏国仍然按兵不动，平原君开始责备信陵君：

“我赵胜之所以同贵国联姻，娶了贵公子的姐姐为妻，就是看中信陵君您高尚的节义，勇于急人之困。现在邯郸朝不保夕，我们两眼望穿等着魏国援军，而你们却驻足不前，公子这算什么急人之困？一旦邯郸城破，赵国军民玉石俱焚，公子即使不为赵胜着想，难道也不怜悯你自己的姐姐吗？”

信陵君拿着平原君的信，心中着急却无计可施，只能进宫面见魏安厘王，求魏安厘王发兵。但魏安厘王被秦国吓破了胆，宁愿做缩头乌龟，说什么也不肯出兵救赵。最终，信陵君对自己的这位兄长彻底失望了，他料想自己无论如何也无法说服他，只能自己行动。

信陵君对自己的门客慷慨陈词："我信陵君不能眼睁睁地看着赵国灭亡而坐视不理，诸位宾客跟随我日久，养兵千日用在一时，如今到了报效之时。我们自己组成一支军队去营救赵国吧。"信陵君的门客纷纷同意。于是信陵君以自己的门客和奴仆为主力组织了一支军队，凑齐了一百乘兵车，抱着必死的决心冲出大梁城，去救援邯郸。

在通过大梁城夷门的时候，信陵君见到了自己颇为看重的老门客侯嬴。信陵君把自己决意赴死去救援邯郸之事告诉了侯嬴。侯嬴没有丝毫的表态，只是淡淡地说："请公子自勉吧，老臣年岁大了，不能随行。"

信陵君颇有一些失望，辞别了侯嬴，行出了几里路，越想越觉得不是滋味，心中暗想道："我信陵君是堂堂一国的公子，而侯嬴只不过是个看门小吏，自己平日里对侯嬴颇为尊重，没有半点失礼的地方，怎么侯嬴见我去赴死，却没有一言半语的暖心之话，难道我平日对他还不够好吗？我得回去问问他。"

信陵君掉转车头，又回到大梁城的夷门，侯嬴仍然站在这里。他见信陵君返回，笑着说："公子待我恩重情长，此次决心到邯郸城下死战，我却没有半句相送之话，我就知道您一定会返回问我一个究竟的。"信陵君点了点头："那侯先生为何如此做呢？也未免太不近人情了吧？"

侯嬴答道："公子是世上最为好客爱才的公子，天下人都知道。如今赵国有了危难，您就带领这帮门客去同秦国死战。公子仅有区区一百乘兵车，以这点兵力去解救邯郸，无异于把肥肉扔给饥饿的老虎，除了自己白白送死，又有什么用处呢？"

信陵君一声长叹："我又焉知不是如此，但是魏王就是不肯发兵，我又有什么别的办法呢，难道侯先生有良计教我不成？"

侯嬴将信陵君拉到无人的角落，低声说道："公子这是冒失送死之举，断断不可行。要想援救邯郸，还是应借助屯驻在魏赵边境上那十万魏军的力量。”

“没有魏王的命令，如何才能调动那十万魏军呢？”

“老朽有一小计可行。老朽听说魏王的虎符就藏在魏王的寝室之中。只要得到虎符，到魏军大营同晋鄙的虎符相对，就可以假借魏王的命令，让晋鄙交出兵权。到时公子带领十万大兵前去救赵，解救邯郸之后又可趁势向西攻伐秦国。”

“如此甚好，但魏王看管虎符甚严，我又如何才能得到呢？”

“老朽听说魏王最宠爱如姬，如姬可以自由出入魏王的寝室，轻易地得到虎符。如姬的父亲在几年前被人所杀，如姬一直想要报仇雪恨。魏王和魏国群臣都想为如姬报仇，但是大家寻找凶手找了三年也没有找到。如姬也曾经向公子哭诉过此事。公子派遣门客到处侦查，终于找到了凶手，将其杀死。如姬父仇得报，公子还将凶手的头恭恭敬敬献给如姬。如姬因此对公子感恩戴德，可以说为公子效命万死不辞，只是一直苦于没有机会报恩罢了。如果公子请求如姬帮忙盗窃虎符，如姬即使冒着杀头之罪也会照办。”

信陵君闻听此计大喜，马上带着宾客返回府邸，如计而行。如姬果然答应了信陵君的请求，在魏安厘王的寝室中窃出虎符交给了信陵君。信陵君得到虎符后，又带着他的门客和一百辆兵车，准备离开大梁去救援邯郸。

信陵君救赵

在路过夷门时，侯嬴又来相送。他对信陵君说：“公子虽然得到了虎符，但是要知道将在外君命有所不受。一军的主将是有权力根据当时的形势便宜行事的。公子手持的虎符与晋鄙的虎符相对，自然毫无差错。晋鄙验明无误，如果痛快地将兵权交给公子，当然是好。但是如果晋鄙怀疑其中有诈，起了疑心，派人回大梁城向魏王确认此事，那可就危险了。”

“那如何是好呢？”信陵君刚刚舒展开的眉头又一次紧锁了起来。

“老朽有一朋友，就是那个屠夫朱亥，公子还记得吧。朱亥力大无穷，善使铁锤，让他随同公子前往晋鄙大营。若是事情进展顺利，再好不过，如果晋鄙起了疑心，就让朱亥当场击杀他。”

信陵君听后，眼泪流了下来：“晋鄙是我们魏国久经沙场的老将，他经验丰富，我到了他的大营，即使手持虎符，恐怕也很难蒙混过关，看来晋鄙难免要死在朱亥的锤下了。他为我魏国屡立战功，如今遵照魏王的命令驻军邺城并非他的过失，然而他却要因此而死，我为他感到难过。”

信陵君擦了擦眼泪，又到市场上请求屠夫朱亥一同前去晋鄙大营。朱亥一听大笑道：“我朱亥不过是市场上一个屠猪卖肉的屠夫，公子先前竟屡次登门拜访我，我之所以没有登门答谢您，是因为大恩不言谢，我自己尽到这些小礼数也无济于事。如今公子有了危难，正是我朱亥杀身报效的时候，上刀山、下油锅、赴汤蹈火万死不辞。”到这个时候，信陵君才知道朱亥为何先前对他如此冷淡。

信陵君带着朱亥来到夷门同侯嬴先生辞行。侯嬴一拱手：“公子对侯嬴百般器重，侯嬴本应随公子前去杀身报效，然而侯嬴已经老迈，即使到了前线也无用处。我会计算公子到达晋鄙大营的时间，公子取得兵权之时，侯嬴将面向邺城刎颈而死，以此报答公子对侯嬴的一片厚意。”

就这样信陵君带着门客们出发了。就在信陵君来到邺城的那一天，侯嬴果然面向邺城的方向刎颈自杀了。侯嬴为什么要自杀，他的死是否有意义，千百年来其说不一。

有的人认为侯嬴感到对魏君不忠，也知道自己留在大梁早晚会因罪而死，因此自杀谢罪。有的人认为侯嬴是因为年迈不能随信陵君出征，而以死报答信陵君。分析侯嬴的心理，应该说后者的可能性更大一些。侯嬴也因此成了重信守诺的代表，成了那个时代士为知己者死的典型。

信陵君进入魏军大营面见晋鄙。朱亥随从在信陵君左右，他的身上藏着一支重四十斤的铁锤。信陵君向晋鄙传达了魏王的“旨意”：要晋鄙将兵权交给信陵君。

信陵君一边说着一边递上虎符。晋鄙将自己手持的虎符同信陵君的虎符相对，果然准确无误。按道理说晋鄙此刻就应向信陵君交权。

但晋鄙果然是久经沙场的老将，他隐约觉得其中有什么不对：信陵君虽然手持虎符，却为什么口头来传达魏王的命令，难道移交十万大军兵权这样的大事，魏王连半封书信都没有吗？

晋鄙死死盯着信陵君，希望从中看到什么破绽，良久，晋鄙说道：“启禀公子，晋鄙不才，提十万虎狼之众屯于边境之上，受魏王重托，荷国之大任，实在是不敢有半点疏忽，还是等我派人骑快马到大梁核对一下，往返也不过一两日的行程……”

晋鄙刚刚说到这里，信陵君身旁的朱亥突然大喝一声，从袖中亮出铁锤，一锤击杀了晋鄙，就这样信陵君窃取或者说“明抢”了十万魏军的指挥权。

信陵君当着全军将士慷慨陈词：“我们今日援救赵国，只有取胜一条道路。如果失败，秦军的残忍你们是知道的。即使是投降，也会落得像长平那四十万赵军一样的下场。因此，大家必须要敢于赴死——敢死才能获胜，获胜才能不死。现在我宣布：父子俱在军中的，儿子留下，父亲回家；兄弟同在军中的，弟弟留下，兄长回家；家中的独子，请立即回家侍奉双亲。”

就这样信陵君挑了又挑选了又选，最终挑出八万精兵。他率领这八万精兵浩浩荡荡开赴邯郸前线。此时正是前文我们讲到的鲁仲连同辛垣衍和平原君辩论是否应该奉秦为帝的时候。

就在此时，春申君黄歇率领的楚国援军也迅速赶到，魏、楚两军共同夹击秦军，邯郸城内的赵军看到援军赶到，顿时信心倍增，他们开城门出击。

此时的秦军已经在邯郸城外驻守了两年，初入赵国时的锐气早已荡然无存，他们士气低落，疲惫不堪，对于攻下邯郸也已经信心不足。秦军统帅王龁与郑安平本身并非大将的材料，只是在白起拒绝作战的情况下，矬子里拔将军，才勉为其难成了秦军命运的主宰者。尤其是那个郑安平，本来只是大梁城中的一个庸人，仅仅是通过范雎的关系才窃取高位，他尸位素餐，哪里指挥得了大规模兵团作战。面对这一突如其来的战局变化，王龁与郑安平没有任何准备。

赵、魏、楚三国军队共同夹击秦军，秦军一击即溃，被杀得大败。秦军两位主帅也只能爹死娘嫁人——各人顾各人。王龁好歹确实是行伍出身，有一定的作战经验，带领残兵败将，迅速向西撤退，退到汾城固守待援。而那个郑安平连逃跑的机会都没有，被赵、魏、楚三国军队团团包围。他左突右冲，怎么也冲不出包围圈。最终，他没有以身殉国的勇气，率领所部两万秦军投降了赵国。

邯郸之战以赵、魏、楚三国大胜，秦国大败而结束。

命运

邯郸之战结束后，春申君本是奉楚王命令而来，胜利后回国交令自然不必提。信陵君却盗窃虎符，假传王旨带领魏军出国作战，这是不可宽恕的重罪，信陵君因此仅仅让自己所带的魏军回国，自己却不敢返回魏国，只得带领着自己手下的门客滞留赵国。

赵孝成王与平原君亲自出城到郊外迎接信陵君。迎接的场面好不宏大，平原君身背箭囊，亲自在前面为信陵君引路。赵孝成王对着信陵君接连拜谢，口称："自古以来能急人危难者没有比得过公子的了。"

因为信陵君已无法回国，赵孝成王感念他拯救赵国的功德，与平原君商议，准备将五座城邑分封给信陵君。信陵君得知此事非常高兴，以至于流露出骄傲自满、居功自大的神情。

他手下的门客提醒信陵君："有一些事情不可忘记，有一些事情不可不忘记。有人有恩德于公子，公子不可忘记。公子有恩德于人，臣下愿公子尽早忘记。公子假传魏王的命令夺取了晋鄙的兵权，虽然有功于赵国，但是已经成了魏国的罪臣。公子此时身居外国，实际上已经是寄人篱下。如果此时再自恃有功，居功自满，恐怕祸患就不远了。"

信陵君听后如梦初醒，他非常自责，变得谦逊起来。

这一日，赵国举行盛大宴会欢迎信陵君。赵孝成王亲自打扫宫殿的台阶，又亲自到宫门口迎接信陵君，谦卑地在头前带路，领着信陵君从宫殿的西边台阶走上宫殿。

当时在西边台阶走上宫殿是一种尊贵的礼节。信陵君则不敢接受，他弯着腰侧着身子，谦让着从东边的台阶走上大殿。

宴会中，信陵君一口一个臣有罪，并反思自己对不起魏国，对赵国也毫无功德，希望赵王不要封赏自己。赵王与平原君陪着信陵君饮酒，一直到日暮黄昏，也始终没有找到机会提及要用五座城邑奖赏信陵君的事。最终赵王将一座城邑封赐给了信陵君。这座城邑就是鄗邑，这个地方在今天的河北省高邑县和柏乡县一带。

邯郸之围解除后，因为平原君立了大功，虞卿想出面请求赵孝成王为平原君增加封邑。平原君手下一个叫公孙龙的门客听说此事，连夜来拜见平原君。

公孙龙对平原君说："我听说虞卿想劝说大王增加您的封邑，我认为这是不合适的。阁下身居赵国相位，并不是因为阁下的才智在赵国独一无二，而是因为阁下是赵王的弟弟。阁下先前得到那么多的封邑，也并非阁下对赵国立有大功，同样是因为阁下是赵王的弟弟。既然您先前没有因为自己不具备宰相的才能而推托相位，也没有因为自己没有功勋而推托封邑，那么今日就不应该因为自己立了大功而再增加封邑。因立功而得到封邑，那是对待普通百姓采取的政策。无功劳时作为皇室贵胄而得到封邑，有功劳时又希望根据对待普通百姓的政策而得到封邑，您觉得这样合适吗？”

公孙龙是战国时期非常有名的哲学家，就是他提出了“白马非马”的理论。他的言论逻辑性非常强，强调概念的逻辑分析，因此才对平原君说了上述一番话。既然已经因为是王室宗亲而得到封赏，就不应因为有战功而得到封赏，同样强调的是逻辑。

他的话到底有没有道理呢？仁者见仁智者见智。在当时，平原君从谏如流，听了公孙龙的一番诡辩之后，确实拒绝了虞卿的建议，没有接受因战功而得的封地。

就赵国来讲，邯郸之战的第一功臣，无疑是平原君赵胜。但是后世也有人有不同看法。有人认为正是平原君赵胜怂恿赵孝成王接收韩国上党太守冯亭所献上的上党郡，致使秦国同赵国交兵，才有了长平之败、邯郸之围。追根溯源，平原君不但不是第一功臣，反而是罪魁祸首。

这种看法本人不敢苟同。赵国之所以有主力尽失的长平之败，以及险些亡国的邯郸之围，其原因并非赵国接受上党郡，而是赵孝成王不信任廉颇坚壁自守的战术，用纸上谈兵的赵括临阵换将造成的。

如果赵国不接收冯亭献上的上党郡，上党郡就要划归秦国。这样一来，秦国就将居高临下俯视赵国，对于赵国是非常不利的，因此赵国必须拿下上党郡。难道因为同秦军作战有失败的危险，就任凭秦军不费一兵一卒之力控制对赵国有重要战略意义的上党郡吗？

果真如此，赵国干脆直接投降秦国算了，这样不是更加安全吗？赵国对秦国寸步不让，拼死力争是正确的。如果赵孝成王能够信任廉颇，秦军虽然来势汹汹，却也无法在长平战胜廉颇。

在长期的人员物资消耗之后，秦军在很大程度上应该只有退兵一条出路。此时廉颇再从后面掩杀，或许还能取得大胜。即使不愿同秦军过多接触，赵国也能在上党站稳脚跟。这样赵国就在国土西部同秦国有了一块较大的缓冲区。

这样的利益是值得赵国在长平同秦国打一仗的。总而言之，平原君是赵国得以继续存留三十年的功臣，赵国由盛转衰这个锅不能由平原君来背，至少不能主要由平原君来背，或者说不能仅仅由平原君来背。

至于那个“义不帝秦”的鲁仲连，正是由于他的坚持，使得赵国没有在黎明前最黑暗的时候放弃，他不但使赵国没有遭受尊奉秦昭王为帝的耻辱，更使赵国扛到了最后的胜利。

平原君要封赏鲁仲连，鲁仲连推辞不受。平原君接连封赏了三次，鲁仲连推辞了三次。见鲁仲连始终推辞封赏，平原君设宴款待鲁仲连，酒过三巡，平原君令人捧上来千金，想要以此报答鲁仲连。

鲁仲连笑着摆摆手：“被天下人所景仰高洁之士，都是能替别人排患释难、解除纷乱而不求报答、不取回酬的人。如果替人排忧解难还要别人报答，还要取得酬劳，那不就成了生意人了？我鲁仲连可不做生意人。”

宴会结束后，鲁仲连辞别平原君飘然而去，终生不再与平原君见面。鲁仲连去哪里了呢？据《史记》记载，他最终躲到东海边去做隐士了。

鲁仲连阻止了赵国向秦国臣服，为赵国立下大功，然而却没有接受赵国的封赏，而是功成身退，隐遁而去。他宁死不屈的傲骨，一言救国的奇功，功成不居的风节，令历代文人高士所神往。唐朝的李白非常激赏鲁仲连的高义，在他的诗歌中，经常提到鲁仲连。有的干脆是为鲁仲连所写，如他的一首古风这样写道：

齐有倜傥生，鲁连特高妙。
明月出海底，一朝开光曜。
却秦振英声，后世仰末照。
意轻千金赠，顾向平原笑。
吾亦澹荡人，拂衣可同调。

所有人的命运都交代了，但那个真正执行了窃取虎符命令的如姬，她的命运又如何呢？史书中没有任何记载。

她是信陵君窃符救赵的关键人物，但很可惜，是一位被忽视的关键小人物。她的来龙没有人关心——她的家世不详，她的生平不详；她的去脉也没有人关心——她的遭遇不详，她的下场不详。

信陵君窃符救赵之后，信陵君作为魏安厘王的弟弟尚且不敢回国，直接到魏安厘王的卧室中窃取虎符的如姬，下场恐怕不会好到哪里去。她没有像那些王侯将相一样，得到她所应该得到的奖赏，没有爵位，没有封邑，没有权势，没有门客，甚至没有一句赞美。

她有可能已经为窃符救赵搭上了性命，但在史书中连一句交代都没有。她在出演了这个关键的历史角色之后，就消失在历史风尘中了。不知为什么，这个人物一直萦绕在我的脑中。我一直在思考着她命运的可能性。她的命运似乎折射了历史上很多人的命运——发挥了关键的作用，却没有人关心。

图书在版编目（CIP）数据

秦朝果然很有料. 第二卷 / 纪陶然著. —北京：中国工人出版社，2020.3
ISBN 978-7-5008-7353-2

Ⅰ.①秦… Ⅱ.①纪… Ⅲ.①中国历史—秦代—通俗读物 Ⅳ.①K233.09

中国版本图书馆CIP数据核字（2020）第033181号

秦朝果然很有料. 第二卷

出 版 人	王娇萍
责任编辑	李 倩
责任印制	黄 丽
出版发行	中国工人出版社
地 址	北京市东城区鼓楼外大街45号 邮编：100120
网 址	http://www.wp-china.com
电 话	（010）62005043（总编室） （010）62005039（印制管理中心） （010）62379038（社科文艺分社）
发行热线	（010）62005049 （010）62005042（传真）
经 销	各地书店
印 刷	天津嘉恒印务有限公司
开 本	710毫米×1000毫米 1/16
印 张	14.25
字 数	191千字
版 次	2020年6月第1版 2023年3月第5次印刷
定 价	36.80元

本书如有破损、缺页、装订错误，请与本社印制管理中心联系更换
版权所有 侵权必究